BILDER
ROLF.
RETTICH

KURT WÖLFFLIN

MiKi

UEBERREUTER

ISBN 3-8000-5163-X
Umschlagillustration und Innenillustrationen von Rolf Rettich
Umschlaggestaltung von Werkstatt · München / Weiss · Zembsch
Copyright © 1972 und 2005 by Verlag Carl Ueberreuter, Wien
Druck: Druckerei Theiss GmbH, St. Stefan i. L.
1 3 5 7 6 4 2

Ueberreuter im Internet: www.ueberreuter.at

Im ersten Kapitel kommen zwei wichtige Personen vor

Wenn in eine Stadt eine wichtige Person kommt, dann hält sie meistens eine Rede. Aber vorher hält noch der Bürgermeister eine Rede. Das ist die Vorrede. Und weil in dieser Geschichte gleich zwei wichtige Personen vorkommen und der Herr Bürgermeister gerade verhindert ist, werde ich die Vorrede halten.

VORREDE

1. Diese Geschichte ist eine wahre Geschichte. Wenn in ihr trotzdem Dinge geschehen, die dir seltsam scheinen, so kommt das vielleicht daher, dass du noch keine Gelegenheit hattest, so etwas zu erleben.

2. Die Hauptperson dieser Geschichte heißt Miki. In ihrem Taufschein steht zwar Michaela, aber ihre Eltern haben sie bisher immer nur Miki genannt. Daher sagen auch alle ihre Schulkameraden Miki zu ihr. Und weil wir doch zu ihren Freunden gehören, nennen auch wir sie Miki. Miki ist nicht besonders groß geraten, auch nicht besonders dick. Sie ist im Gegenteil eher etwas dünn, aber dafür ist sie springlebendig. Außerdem hat sie auf der Nase drei Sommersprossen. Zwei große und eine kleine. Aber Miki hofft, dass die kleine auch noch wächst. Die Haare trägt sie oben zusammengebunden, mit einer Schleife, mit einer Spange oder mit einem Gum-

miring, je nachdem, wer sie am Morgen kämmt. Mama bindet die Schleife. Papa kann aber keine Schleife binden. Er befestigt dafür den widerspenstigen blonden Schopf mit einer Spange. Miki selbst kann es am besten mit einem Gummiring. Wenn sie ihn einmal weiter hinten und einmal weiter vorn anbringt, hat sie entweder einen Pferdeschwanz oder sieht aus wie ein Wiedehopf.

3. Die zweite Hauptperson ist Paps. Mikis Papa ist ein berühmter Mann in Kesslingen – so heißt die Stadt, in der Miki wohnt. In seinem Führerschein steht: Ricardo Ehrenwert, Universitätsprofessor. Weil aber Miki ihren Papa immer Paps nennt (und auch Frau Ehrenwert, Mikis Mutter, oft Paps zu ihm sagt) und weil Miki unsere Freundin ist, dürfen auch wir Paps zu ihm sagen.

4. Die dritte Hauptperson wird Mikis Mutter sein, denkst du. Aber das stimmt nicht. Natürlich ist sie eine Hauptperson in dem kleinen Haus von Professor Ehrenwert, das in der Vorstadt von Kesslingen steht. Aber dass Mikis Mutter doch keine Hauptperson in dieser Geschichte ist, liegt daran, dass eines Tages ein Brief von Onkel Eusebius kam. Darin stand, dass Tante Klara krank sei. Weil gerade Ferien waren, hatte Mama Ehrenwert gesagt: »Da muss ich wohl zu ihr fahren. Werdet ihr beide ohne mich auskommen?« Paps und Miki hatten einander fest angesehen und wie aus einem Munde gerufen: »Aber klar, Mami!«

So hatte Frau Ehrenwert den beiden alles, was sie nicht vergessen durften, auf einen großen Zettel geschrieben und ihr Köfferchen gepackt.

Paps hatte Mami mit dem Wagen zum Bahnhof gebracht und Miki fuhr natürlich mit.

Nun standen die beiden auf dem Bahnsteig und Mami gab Paps und Miki noch einen Abschiedskuss.

»In drei Tagen bin ich wieder da!«, sagte Mami. »Macht's gut!«

Der Zug fuhr ab. Paps und Miki winkten, bis der letzte Waggon um die Ecke des Bahnhofs verschwunden war. Das war um neun Uhr morgens und es regnete ein wenig. Miki sah Paps ein bisschen komisch an und schluckte, weil sie etwas im Hals drückte. Aber dann nahm sie Paps an der Hand und sagte: »Wir zwei schaffen es schon! Und in drei Tagen kommt sie ja wieder!«

Während die beiden nach Hause fahren, will ich noch schnell erzählen, wer die dritte Hauptperson ist, nachdem Mama Ehrenwert weggefahren ist.

7

Die dritte Hauptperson ist ein Hündchen. Ein kleines, struppiges Hündchen, das anfangs noch gar keinen Namen hat und das Miki später Spinat tauft. Ein etwas sonderbarer Name, findest du nicht? Aber er passt!

Nachdem wir nun alles Wichtige erfahren haben, kann die Geschichte beginnen. Und vergiss nicht: Es ist eine wahre Geschichte!

Im zweiten Kapitel frisst der Staubsauger etwas,
was er nicht soll

Paps fuhr das Auto in die Garage und schloss die Haustür auf. Auf dem Küchentisch lag eine große Liste.

»Jetzt geht's los!«, sagte Paps und begann zu lesen. Miki stand daneben und trat ungeduldig von einem Fuß auf den anderen. Paps las. Miki wartete.

»Du, Paps!«, sagte Miki, nachdem sie ihm eine Weile zugesehen hatte. »Was steht auf dem Zettel?«

»Ach Miki«, seufzte Paps. »Da steht, ja, da steht so viel und …« Er seufzte wieder. »Ich glaube, du gehst jetzt spielen, damit ich mit der Arbeit beginnen kann.«

»Aber Paps!«, rief Miki. »Du hast doch Mami versprochen, dass wir alles machen. Wir – das sind du und ich! Nun lass sehen, warum du vorhin so geseufzt hast!«

»Schlaukopf!«, lachte Paps. »Also, wenn du so klug bist, dann werden wir die Liste zusammen lesen!«

Paps setzte sich zum Küchentisch, Miki setzte sich auf den zweiten Stuhl, Paps legte den großen Zettel auf den Tisch und dann lasen sie:

TAGESORDNUNG

1. *Aufstehen*
2. *Waschen*
3. *Zähne putzen (rasieren)*
4. *Betten machen*
5. *Frühstücken*
6. *Zimmer aufräumen, staubsaugen, abwaschen*
7. *Schuhe putzen*
8. *Einkaufen*
9. *Kochen*
10. *Mittagessen*
11. *Abwaschen*
12. *Mit Miki an die Luft gehen*
14. *Kaffee*

»Hallo!«, rief Miki, als sie bis hierher gelesen hatte. »Da fehlt doch etwas! Wo ist denn die Nummer dreizehn? Mami ist doch nicht abergläubisch, oder?«

»Ich weiß nicht«, sagte Paps. »Vielleicht hat sie es nur vergessen. Lesen wir weiter!«

15. *Blumen gießen, lesen, Schulaufgaben*
16. *Abendessen richten*
17. *Abendessen*
18. *Abwaschen*

19. Miki baden, Zähne putzen
20. Miki zu Bett bringen (Gutenachtgeschichte!)

»Au fein, dass Mami nicht die Gutenachtgeschichte vergessen hat!«, rief Miki. »Du erzählst mir doch immer eine, Paps?«

»Aber sicher!«, beruhigte sie Paps. »Das heißt, wenn ich eine weiß. Aber da ist noch etwas.«

21. Paps Zeitung lesen, schlafen gehen!

»Ufff!«, seufzte Miki, als sie nun endlich fertig waren.

»Siehst du!«, sagte Paps, »jetzt stöhnst du auch!«

Aber Miki hatte sich gleich gefasst. »Paps, das schaffen wir!«, sagte sie und klopfte ihrem Papa aufmunternd auf die Schulter. Sie nahm ein Geschirrtuch vom Haken und wirbelte dreimal um den Küchentisch. Dann bremste sie scharf ab. »Was steht bei Punkt eins?«, fragte sie.

Paps tippte mit dem Zeigefinger auf die Liste. »Punkt eins: Aufstehen!«

»Prima!«, rief Miki, »das haben wir schon!« Sie beugte sich über den Tisch und las selbst weiter: »Waschen, Zähne putzen … Hast du dir heute schon die Zähne geputzt, Paps?«

»Aber sicher, ich putze sie doch immer morgens und abends!«, sagte Paps.

»Tüchtig!«, sagte Miki. »Ich vergess es fast immer morgens. Ist das schlimm?«

»Sehr schlimm!«, sagte Paps und runzelte die Stirn. »Wenn du dir die Zähne nicht putzt, brauchen wir so wenig Zahnpaste, und dann geht Mami nicht so oft in die Drogerie, und dann kann sie dir nicht so oft Hustenbonbons mitbringen.«

»Das ist wahr!«, rief Miki. »Das muss anders werden! Aber jetzt weiter: anziehen, Betten machen, frühstücken, Zimmer aufräumen … Paps, das haben wir ja alles schon! Das wird heute ein herrlicher Tag, was sagst du?«

»Weil Mami schon so viel gearbeitet hat, ehe sie weggefahren ist«, sagte Paps. »Aber du hast Recht, Miki. Das wird heute bestimmt ein herrlicher Tag. Und nun weiter bei Punkt sechs: staubsaugen, abwaschen. Was übernimmst du?«

»Staubsaugen!«, sagte Miki prompt.

»Dann wasche ich ab«, sagte Paps.

Miki holte den Staubsauger. Ihr Zimmer hatte sie gleich fertig, auch den Vorraum und das Schlafzimmer. »Lustig ist das Zigeunerleben!«, sang sie und zog den Staubsauger hinter sich her. Auch im Wohnzimmer ging die Arbeit

11

flott voran. Als Miki den Teppich gesaugt hatte, saugte sie noch die Bilder ab, den Lüster und die Blumenstöcke. Dann blieb sie unschlüssig vor den Vorhängen stehen. »Die haben es auch einmal nötig!«, sagte sie und ging gleich an die Arbeit. Schön von oben nach unten, das ging prächtig. Und von unten nach oben …

»Paps! Paaaaps! Schneeell!«, hörte Papa Ehrenwert plötzlich aus dem Wohnzimmer rufen. Er stand gerade an der Spüle, hatte eine weiße Schürze umgebunden, beide Arme bis zu den Ellbogen im Wasser und schrubbte an einer Kaffeetasse. Du lieber Himmel, was ist denn jetzt los?, dachte er, ließ die Tasse fallen und rannte sofort los.

Als er die Wohnzimmertür aufriss, sah er Miki mitten im Zimmer stehen. Sie hielt eine Hand entsetzt vor den Mund und deutete mit der anderen auf den Staubsaugerschlauch, dessen Düse unheimlich schnell an der Gardine hochkroch.

Paps hatte die Lage sofort erfasst. Er stürzte sich auf den Staubsauger und drückte auf den Schaltknopf, eben als das gefräßige Maul oben an der Vorhangstange angekommen war und die ganze Gardine eingesaugt hatte.

»Ich wollte nur die Vorhänge ein wenig absaugen«, sagte Miki weinerlich. »Da ist mir die Gardine hineingerutscht, und ich habe sie nicht mehr herausbekommen!«

»Macht nichts!«, sagte Paps. »Das haben wir gleich!« Er stieg auf einen Stuhl. »Hilf mir ziehen!«

Miki zog am Schlauch, Paps zog an der feinen weißen Gardine und passte auf, dass ihnen die Vorhangstange

nicht auf den Kopf fiel. Langsam spuckte der Staubfresser die weiße, eingedrehte Schlange wieder aus.

Hoppla, was kam denn da? Etwas Kleines, Rundes, Stachliges kullerte aus dem Schlauch.

»Wie kommt denn der Kugelkaktus in den Staubsauger?«, fragte Paps verwundert.

»Hab ich gar nicht bemerkt«, sagte Miki. »Das muss vorhin geschehen sein, als ich die Blumen absaugte!«

»Aber Miki, so gründlich brauchst du es nicht zu machen!«, sagte Paps und blickte sich forschend im Zimmer um. Zu seiner Beruhigung stand aber das meiste der Einrichtung noch da.

»Ob Mami etwas merkt?«, fragte Miki besorgt.

»Keine Angst, die Gardine hängt sich schon wieder aus!«, tröstete sie Paps, glättete das zerknüllte Gewebe und setzte den Kaktus wieder in den Topf.

Miki räumte den Staubsauger weg, dann folgte sie Paps in die Küche.

Sie trocknete schweigend die Tassen ab, sie trocknete die Löffel ab und sie trocknete die Untertassen ab. Als sie fertig war, hängte sie das Geschirrtuch auf den Heizkörper und sagte leise: »Paps?«

»Was ist?«, fragte Paps ohne sich umzudrehen.

»Bist du mir noch böse?«

»Aber Mikilein«, sagte Paps »habe ich denn so böse geschaut?« Dann wischte er sich die Hände an der Schürze ab und fasste Miki um die Mitte. »Hoch, Miki!«, rief er und warf sie in die Luft, sodass ihr Pferdeschwanz an die Decke flatterte. »Was haben wir gesagt? Das muss heute ein herrlicher Tag werden!«

»Hurra!«, rief Miki. »Hoch, Paps! Du bist prima!«

Paps lächelte vergnügt. »Dann also schnell wieder an die Tagesordnung!«, sagte er. »Erst die Arbeit, dann das Spiel. Willst du lieber kochen oder Schuhe putzen?« Punkt acht, einkaufen, überging Paps – wohl aus Gründen der Sparsamkeit.

»Schuhe putzen!«, sagte Miki ohne Überlegung.

»Gut, dann koche ich!«, sagte Paps. »Da brauche ich nur noch den Kochlöffel. Die Schürze habe ich schon um!«

Im dritten Kapitel fällt etwas in die Erbsensuppe und Miki bewahrt Paps vor dem Verhungern

Während Miki im Vorraum das Schuhputzzeug aus der Lade und die Schuhe aus dem Schrank nahm, hörte sie Paps in der Küche mit den Töpfen klappern. »Koch was Gutes!«, rief sie durch den Spalt der offenen Küchentür.

»Erbsensuppe mit Schinken und Toast!«, rief Paps.

»Hm, hm!«, machte Miki, stürzte sich mit Feuereifer auf die Schuhe und leckte sich die Lippen.

Paps' Schuhe waren bald sauber, die glänzten auch ohne Creme. Aber auf Mikis Schuhen schien der Schmutz wie angewachsen. Wo der überhaupt herkam?

Miki zerbrach sich nicht lange den Kopf darüber, sie war mehr fürs Praktische. »Auf schwarze Schuhe gehört schwarze Creme!«, sagte sie weise. »Alte Bauernregel!«

Leider haben Schuhcremedosen einen Deckel. Und dieser Deckel ging nicht auf. Miki plagte sich, sie presste die Lippen zusammen, sie stöhnte – aber es ging einfach nicht.

»Paps, ich krieg die Dose nicht auf!«, sagte Miki und kam zu ihm in die Küche.

Paps legte den Kochlöffel weg, mit dem er gerade die Erbsensuppe umgerührt hatte. »Gib her!«, sagte er, »und schau mir genau zu, damit du es das nächste Mal weißt!«

Miki schaute zu, aber zuerst geschah gar nichts. Der

Deckel saß wirklich fest! – Dann ging es. Doch gleichzeitig machte es schwupp! und Miki fragte überrascht:

»Wo ist denn jetzt der Unterteil?«

Paps blickte auf den Deckel in seiner Hand und rund um sich, konnte aber nichts entdecken außer einigen höchst verdächtigen Spritzern Erbsensuppe.

»Schnell einen Schöpflöffel!«, rief er.

Miki riss die Lade auf und den großen Schöpflöffel heraus, dass die Gabeln und Löffel auf den Boden sprangen.

»Schnell!«, schrie Paps, denn er hatte eben in der wallenden Suppe etwas blitzen sehen. Schon war Miki bei ihm. Paps tauchte den Schöpflöffel ein, zog ihn einmal durch und kam auch schon mit der Beute herauf – dem Unterteil der schwarzen Schuhcremedose, die nun allerdings von grüner Erbsensuppe triefte.

»Macht nichts!«, tröstete Miki ihren Paps. Sie hielt die Dose mit der Creme unter die Wasserleitung. »Siehst du, jetzt ist sie wieder ganz sauber! Jetzt werden die Schuhe sicher nicht grün!«

Während Miki ihre Schuhe so dick eincremte, dass vom Schmutz nichts mehr zu sehen war, rührte Paps misstrauisch in der Suppe. Er kostete vorsichtig und rümpfte die Nase.

»Ich weiß nicht«, murmelte er, »die wird doch nicht angebrannt sein?«

In der Brotdose waren einige Scheiben Schwarzbrot. Paps schnitt die Rinde ab und kochte sie mit. Er kostete wieder. Vielleicht noch etwas Zucker? Und ein wenig Milch? Milch zieht Gerüche an! Aber ganz richtig war die Suppe immer noch nicht. Sollte er noch einen Schuss Essig oder Rum …?

Da fiel ihm der Toast ein. Schnell sechs Weißbrotscheiben abgeschnitten und auf die Schnellkochplatte gelegt. Da wurden sie sicher recht knusprig!

Miki kam mit den Schuhen in die Küche. »Wie findest du sie, Paps?«, fragte sie und hielt ihm ein großes und ein kleines Paar Schuhe hin.

»Sehr gut – siehst du aus!«, sagte Paps und lachte.

»Wieso ich?«, fragte Miki verwundert.

»Dann guck doch einmal in den Spiegel, wenn du die Schuhe weggeräumt hast!«

Miki stellte Paps' Schuhe ins oberste Regal und ihre ins unterste. Da brauchte sich Paps nicht zu bücken und sie brauchte sich nicht auf die Zehen zu stellen, wenn sie die Schuhe schnell anziehen wollten. Dann pflanzte sie sich vor dem Spiegel an der Garderobe auf.

»Mikilein!«, sagte sie zu ihrem Spiegelbild und fasste sich an der Nase. »Ist das dein Kopf oder sind das deine Schuhe?« Dann verschwand sie für eine Weile ins Badezimmer. Paps hörte sie so laut prusten und keuchen, dass er einmal nachfragte, ob sie ins Waschbecken gefallen sei und von einem Hai verfolgt werde.

Der Tisch war schon gedeckt, als Miki mit sauberem Gesicht und sauberen Händen in die Küche kam. Ein blütenweißes Tischtuch lag auf dem Tisch, das Gedeck war richtig und sogar die Servietten hatte Paps nicht vergessen!

»Mahlzeit!«, sagte Paps feierlich.

»Mahlzeit, Paps!«, sagte Miki. Sie setzten sich und Miki schöpfte Paps gleich einen Teller voll.

»Sachte, sonst bleibt für dich nichts mehr!«, mahnte Paps.

Als Miki den ersten Löffel gekostet hatte, legte sie den Kopf schief und sah Paps fragend an. Aber der schaute gar nicht von seinem Teller auf.

»Möchtest du nicht ein Stück Brot dazu?«, fragte er nach einer Weile.

Miki nahm eine Schnitte und rief im selben Augenblick: »Aber Paps! Die sind ja unten ganz schwarz!«

»Ich weiß, Mikilein«, sagte Paps kleinlaut. »Sie haben zu

lange auf der Platte gelegen. Aber sie wollten oben einfach nicht braun werden!« Dann machte er eine kleine Pause und blickte in Mikis erstauntes Gesicht. »Und wie findest du die Suppe?«

»Die Suppe?«, fragte Miki und ihr tat Paps plötzlich leid.

»Ich meine nur, ob man nicht vielleicht doch etwas merkt, du weißt schon, wegen der Schuhcreme.«

»Schuhcreme?«, sagte Miki. »Glaube ich nicht! Schuhcreme ist doch nicht süß, oder?«

»Miki!«, sagte Paps und legte seinen Löffel weg. »Ich muss dir etwas gestehen. Ich hätte doch nicht kochen sollen! Was wirst du jetzt von deinem Papa denken?«

»Aber Paps«, sagte Miki und setzte ein strahlendes Lächeln auf. »Das kann der besten Hausfrau passieren! Und ich weiß etwas – du wirst gleich sehen, dass wir nicht verhungern brauchen!« Sie stellte einen Stuhl zum Küchenschrank und fischte hinter einigen Mehlpackungen und Flaschen eine große Tafel Schokolade hervor. »Die teilen wir uns brüderlich!«, sagte sie.

»Du bist goldig!«, sagte Paps. »Und im Küchenschrank kennst du dich ja gut aus. Ich hätte die nie gefunden!«

»Ich trainiere auch schon länger!«, sagte Miki, aber mehr zu sich selbst, während sie genaues Augenmaß nahm, um die Schokolade zu brechen.

»Halt!«, sagte Paps. »Gib mir nur ein kleines Stück, ich habe einen Zahn, der verträgt das Süße nicht!«

»Ist recht«, sagte Miki, »meinem macht das gar nichts aus!«, drückte Paps ein kleines Stück Schokolade in die

Hand und schob ihn sanft zur Tür hinaus. »Du setzt dich jetzt gemütlich ins Wohnzimmer, ich mache inzwischen die Küche sauber«, sagte sie. »Und wenn ich dich brauche, rufe ich schon!«

Paps blickte erstaunt von der Zeitung auf, als Miki eine Weile später ins Zimmer trat. In einer Hand hielt sie ein Stück Weißbrot, in der andern eine Stange Wurst und quer im Mund das lange Küchenmesser.

»Hooo! Seeräuber in Sicht!«, schrie Paps und ließ vor Schreck die Zeitung fallen.

»Aber ich bin's doch nur, Paps!«, beruhigte ihn Miki und legte die Sachen auf den Tisch. »Ich finde, Schokolade ist doch nicht das richtige Mittagessen für einen Universitätsprofessor. Greif zu, Paps!« Paps ließ es sich nicht zweimal sagen. »Du hast Talent für einen Junggesellen, Miki!«, sagte er anerkennend, biss herzhaft von der Wurst ab und steckte ein Stück Brot in den Mund.

»Was ist das, ein Junggeselle?«, fragte Miki.

»Das ist so etwas Ähnliches, wie wir es jetzt sind, weil Mami nicht da ist!«, lachte Paps, lehnte sich zurück und kaute mit vollen Backen. Miki setzte sich in den zweiten Polstersessel, zog die Beine hoch und sah Paps beim Essen zu. Paps ist prima!, dachte sie. Sie betrachtete ihn aus den Augenwinkeln und stellte sich vor, wie er wohl gewesen sein mochte, als er so alt wie sie war …

Im vierten Kapitel erfährt Miki ein Geheimnis,
das sie nicht einmal ihrer Freundin Pipsi verraten darf

Paps legte den Rest Wurst und Weißbrot auf den Tisch. »Miki, kannst du den Fernseher einschalten?«

»Nein!«, sagte Miki prompt.

»Und warum nicht?«, fragte Paps verwundert.

»Fernsehen ist nicht gut für einen kranken Zahn!«, sagte Miki streng. »Und überhaupt bekommt man schlechte Augen davon! Aber ich werde dir eine feine Nachspeise bringen!« Sie holte schnell die Pfeife aus der Lade, die Tabaksdose und Streichhölzer. Paps lächelte vergnügt, stopfte sich die Pfeife und zündete sie an. Dann sahen die beiden dem zarten blauen Rauch zu, wie er in Spiralen und Kringeln durchs Zimmer zog.

»Warum so schweigsam?«, sagte Paps nach einer Weile.

»Ich denke!«, sagte Miki.

»So!«, sagte Paps. »Und woran denkst du, wenn man fragen darf?«

»An dich!«, sagte Miki ernsthaft. »Ich denke an dich, wie du noch klein warst.«

Paps musste lachen. »Glaubst du vielleicht nicht, dass ich auch einmal klein war?«

»Doch!«, sagte Miki. »Aber ich möchte gerne etwas wissen!«

»Und das wäre?«

»Du, Paps, sag, warst du immer so brav?«

»Brav?« Paps ließ eine dicke Rauchwolke aus seiner Pfeife. »Wie meinst du das?«

»Mami sagt immer, dass du sooo ein braver Junge warst, dass du immer gefolgt hast, dass du immer gute Noten hattest in der Schule und …«

»Wenn Mami das sagt, dann wird es stimmen«, unterbrach Paps.

»Ja, aber«, fuhr Miki unbeirrt fort, »wieso kann denn Mami das so genau wissen? Sie war doch damals gar nicht dabei!«

»Das ist auch wieder wahr«, sagte Paps und schmunzelte.

»Paps!«, sagte Miki feierlich. »Hast du denn nie etwas angestellt? Hast du nie deinem Lehrer Knallerbsen unter den Sessel gelegt? Hast du nie an fremden Türen geklingelt? Bist du nie zu spät nach Hause gekommen und hast du nie deine neue Hose zerrissen, weil ihr Räuber und Gendarm gespielt habt?«

Paps wiegte den Kopf und kratzte sich mit dem Pfeifenstiel hinter dem linken Ohr. »Miki«, sagte er feierlich, »kannst du schweigen?«

»Aber klar, Paps«, antwortete Miki ebenso feierlich. »Wie eine Ölsardine!«

»Das ist gut. Dann will ich dir ein Geheimnis verraten. Aber wirst du es wirklich niemandem erzählen?«

»Nein!«, sagte Miki.

»Auch dem Fritz von der Tankstelle nicht?«

»Nein!«

»Auch deiner Freundin Pipsi nicht?«

»Nein!«

»Auch Onkel Eusebius und Tante Klara nicht?«

»Nein!«, sagte Miki fest. »Ich werde schweigen wie eine ganze Dose Ölsardinen!« Aber dann legte sie die Stirn in Falten. »Und was ist mit Mami?«

»Hm«, sagte Paps. »Ich glaube, der werde ich es selbst einmal sagen!«

»Abgemacht!«, rief Miki. »Und jetzt die Pfeife drauf!«

»Wieso Pfeife?«, fragte Paps verwundert.

»Ich dachte, das sei so üblich, wenn man etwas feierlich verspricht. Bei den Indianern zumindest.«

»Du meinst wohl die Friedenspfeife«, sagte Paps. »Aber wir brauchen doch nicht Frieden schließen! Beim Versprechen genügt es, wenn man sich fest in die Augen sieht und die Hand drauf gibt!«

»Also los!«, sagte Miki. Sie pflanzte sich vor Paps auf, blickte ihm fest in die Augen und legte ihre kleine Hand in die große Hand von Paps.

»Wir schweigen!«, sagten beide feierlich.

»Wie eine Dose Bratheringe!«, hängte Paps an.

»Ölsardinen!«, verbesserte Miki.

»Was du für einen Händedruck hast!«, wunderte sich Paps. »Wie ein kanadischer Holzfäller!«

»Deine Tochter!«, sagte Miki stolz und setzte sich wieder. »Aber was ist jetzt mit dem Geheimnis?«

»Rücke deinen Sessel her«, flüsterte Paps. »Die Wände haben Ohren!«

Miki rückte ihren Lehnstuhl an Paps' Stuhl. Sie zog die Beine hoch und kuschelte sich ganz zusammen. Paps zündete sich seine Pfeife wieder an, und während draußen die Regentropfen an die Scheiben schlugen, fing Paps an: »Die Sache ist so …« Und dann erzählte er, wie es war,

als er noch ein kleiner Junge war. Miki machte große Augen und hörte ganz still zu. Nur manchmal kicherte sie leise. Paps erzählte, was er alles bei der Großmutter auf dem Land erlebt hatte. Wie er und seine Freunde Hütten gebaut hatten im Wald, wie er auf die höchsten Bäume geklettert war, wie sie die Fische gebraten hatten, die sie im Wiesenbach gefangen hatten, und wie sie öfter die Rüben des Bauern Klomps gekostet hatten.

Und in der Schule, da hatte er einmal dem Lehrer einen Maikäfer auf den Rücken gesetzt. Der war ihm dann in den Kragen gekrochen.

»Aber Paps!«, sagte Miki. Und sie musste wieder kichern. »Jetzt weiß ich, warum du Mami das nicht erzählt hast. Du dachtest, sie würde dich dann vielleicht nicht heiraten!«

»Aber warum denn nicht?«, fragte Paps überrascht.

»Aus Angst, dass ihr auch solche Kinder bekommt!«, sagte Miki.

Paps stieß eine große Rauchwolke aus und lachte. »Vielleicht hätte sie Recht gehabt«, schmunzelte er.

»Bitte, erzähl wieder!«, bettelte Miki. Sie hatte sich den Rest Wurst und Brot vom Tisch geangelt.

»Gut«, sagte Paps, und während er erzählte, kaute Miki an der Wurst und knabberte am Weißbrot.

Paps erzählte von seinen Reisen als Student, wie er mit dem Schiff übers Meer fuhr, wie er in Afrika mit Löwen kämpfte und mit Krokodilen, wie er auf Elefanten ritt; er erzählte und erzählte. Miki war glücklich. Sie hätte nie gedacht, dass sie einen so tollen Paps hatte.

Paps machte eine Pause, um sich die Pfeife anzuzünden, die wieder einmal ausgegangen war. Dabei schaute er zu Miki hinüber. Sie lehnte im Sessel, hatte die Augen zu und lächelte.

»Mikilein?«, sagte Paps leise. Sie rührte sich nicht. Paps hielt sein Ohr ganz nahe an ihr Gesicht. Miki atmete tief und regelmäßig – sie war eingeschlafen.

Herr Ehrenwert blickte erstaunt zum Fenster. Es war schon dunkel. Aber das konnte auch vom Regen sein. Auf der Wohnzimmeruhr war's zwölf. Er blickte auf seine Armbanduhr. Auf der war es auch zwölf. Komisch, dachte er, die muss zur gleichen Zeit stehen geblieben sein!

Paps schlüpfte aus den Pantoffeln, schlich auf den Socken in die Küche und drehte das Licht auf. War denn das möglich? Da war's auch zwölf! Na ja, er konnte dann im Fernsehen erfahren, wie spät es wirklich war. Aber was sollte er mit Miki machen? Sein Blick fiel auf den Tagesplan, den er an der Küchentür mit einem Reißnagel befestigt hatte. Was war denn heute noch zu tun? Blumen gießen, lesen, Schulaufgaben, Abendessen richten, Abendessen, abwaschen, Miki baden, Zähne putzen, Miki zu Bett bringen, Gutenachtgeschichte.

»Das ist ja eine schöne Geschichte«, murmelte Paps und ging leise ins Wohnzimmer zurück. Er beugte sich zu Miki und kitzelte sie an der Nase. Miki knurrte ein wenig, kicherte im Traum, aber sie machte die Augen nicht auf. Sie schlief fest.

»Die Punkte fünfzehn bis neunzehn werden heute entfallen!«, sagte Paps zu sich, nahm Miki vorsichtig auf den Arm und trug sie hinauf in ihr Bett. Er zog ihr die Socken aus und deckte sie leicht zu. Sollte sie heute einmal mit dem Kleid schlafen, dachte er. Dann gab er ihr noch einen zarten Kuss auf die Nasenspitze, schloss leise die Tür und schlich die Treppe hinunter.

Komisch, dachte er, draußen ist es schon stockfinster, kein Mensch ist zu sehen, und die Straßenlampen sind auch nicht eingeschaltet. Paps drehte den Fernseher auf und ließ sich in den Polstersessel fallen. »Allen Zuschauern eine recht gute Nacht«, sagte eine Stimme, dann hörte er noch ein paar Takte Musik und nun flimmerten nur noch die Sternschnuppen über die Mattscheibe. Paps suchte die Fernsehzeitung, aber im Zeitungsständer lag nur ein Unterhaltungsprogramm.

Paps blätterte erstaunt. »Morgen große Feuerwehrübung mit Sprungvorführungen«, las er. Paps schüttelte den Kopf. Er stand auf und ging wieder in die Küche. Die Uhr zeigte immer noch zwölf! Auf seiner Armbanduhr war es zwölf und im Wohnzimmer auch! Irgendetwas stimmte da nicht! Paps zwickte sich ins Ohrläppchen, er zog an seiner Nase, aber das änderte gar nichts. »Am besten, ich gehe schlafen«, murmelte er. Er sah nach, ob die Haustür versperrt war, dann huschte er die Treppe hinauf.

Miki schlief fest. Paps ließ die Tür einen Spalt offen, damit er sie gleich hörte, wenn sie ihn vielleicht rief. Im Schlafzimmer zog er sich rasch aus, legte sich ins Bett und zog die Decke bis zur Nasenspitze. Nach einer Weile fiel ihm ein, dass er sich die Zähne nicht geputzt hatte, und gewaschen hatte er sich auch nicht.

Sonderbar – ich habe gar keine Gewissensbisse, dachte er schon halb im Traum. Er schüttelte noch einmal den Kopf und schlief ein.

Im fünften Kapitel reformiert Miki die Tagesordnung und lernt einen Meisterakrobaten kennen

Als Miki am nächsten Morgen erwachte, blinzelte sie verschlafen zum Fenster. Da guckte gerade ein Sonnenstrahl hinter dem Kamin des Nachbarhauses hervor.

»He, du!«, sagte Miki. »Was ist denn heute los? Ich fühle mich so prächtig ausgeschlafen!«

Sie sprang aus dem Bett und wunderte sich nicht schlecht, dass sie ihr Kleid anhatte. Wie war das nur gestern Abend? Richtig, Paps hatte ihr erzählt und dabei musste sie eingeschlafen sein. Wie spät war es denn schon? Ob Paps auch schon auf war? Mal nachsehen! Sie schlich in die Küche. Was? Erst halb sechs? So früh war Miki noch nie auf. Was mache ich nur mit diesem prächtigen Morgen?, dachte sie.

Da hing der Tagesplan an der Küchentür. Miki stellte sich davor und las noch einmal Punkt für Punkt. »Wenn ich so an gestern denke«, sagte sie, »dann finde ich manches reformbedürftig.« Das Wort hatte sie oft von Paps gehört und sie wusste, dass es ungefähr so viel bedeutete wie »alles Mist!«. Sie holte einen Rotstift. Dann nahm sie den Zettel von der Tür, drehte ihn um und schrieb auf die Rückseite:

1. Aufstehen

»Das wird bleiben müssen«, murmelte sie.

2. Zähne putzen (mit viel Zahnpaste, damit Mami bald zur Drogerie gehen muss!)

Rasieren? überlegte sie. Kann man das weglassen? Aber wann sollte Paps dann singen? Er sang doch so gern im Badezimmer. Und beim Zähneputzen ging es auch nicht gut. Also schrieb sie dazu:

Rasieren nach Belieben (eventuell mit Gesang!)
3. Ausgiebig frühstücken (am besten gebratenen Speck mit Eiern und für Paps einen doppelten Gin, weil Kaffee nicht gut für sein Herz ist und ihn nervös macht!)
4. Staubsaugen entfällt (zu gefährlich!)
5. Morgenspaziergang (mit oder ohne Regenschirm!)
6. Mittagessen kochen (Vorsicht mit Schuhcreme!)
Hauptspeise am besten Wurst und Weißbrot mit Himbeersaft.

Was war der nächste Punkt? Mit Miki an die Luft gehen. Das konnte bleiben. Also:

7. Mit Miki in die Luft gehen

Aha, jetzt käme auf der anderen Seite der Punkt dreizehn, aber der war ausgelassen. Das konnte man natürlich nicht gelten lassen. Miki dachte kurz nach, dann schrieb sie auf ihren Plan:

13. Abenteuer mit Paps

Die Nummer dreizehn passte zwar nicht nach Nummer sieben, aber das störte Miki nicht.

9. Abendessen (Reste von Mittag, siehe oben!)
10. Miki ins Bett bringen und ihr Geschichten erzählen, bis sie einschläft.

»Punkt!«, sagte Miki, malte ihn auch hin und betrachtete zufrieden ihr Werk. Bei Punkt sieben merkte sie, dass sie sich verschrieben hatte. »Macht nichts!«, sagte sie. »Mal was anderes! Sonst meint Paps, ich hätte keine eigenen Ideen, gerade das kann er gar nicht leiden!« Als sie fertig gelesen hatte, klopfte sie sich mit der rechten Hand auf die linke Schulter und sagte anerkennend: »Das ist 'ne Wucht, Miki!« Dann schrieb sie oben darüber:

ZEHN GEBOTE FÜR PAPS UND MIKI

Miki schlich die Treppe hinauf und ging in ihr Zimmer. Sie zog das verdrückte Kleid aus und schlüpfte in ihr blaues Matrosenkleid mit dem weißen Kragen und dem schicken Anker. Das durfte sie sonst zwar nur sonntags tragen, aber sie hatte das Gefühl, dass heute ein besonderer Tag war, ein ganz besonderer sogar. Als sie sich im Spiegel gehörig bewundert hatte, stellte sie fest, dass noch eine Kleinigkeit fehlte. Schnell holte sie Mamas alten Strohhut mit den Blumen vom Dachboden, setzte ihn auf und ging zu Paps' Schlafzimmer. Sie öffnete die Tür einen Spalt und rief:

»Alle Mann an Bord!«

Paps stöhnte, drehte sich um, sprang dann mit einem Satz aus dem Bett, legte eine Hand an die Hosennaht seines Pyjamas und salutierte schlaftrunken.

»Ahoi, Paps!«, rief Miki fröhlich und trat ein. Paps machte erst jetzt die Augen richtig auf.

»Ach, du bist's!«, sagte er erstaunt und setzte sich auf die Bettkante. »Ich muss geträumt haben. Irgendetwas von Seeräubern oder so!« Dann sah er Miki erst richtig an und wunderte sich noch mehr. »Aber wie siehst du denn aus?«

»Feierlich, was?«, sagte Miki. »Das ist die Mode der Saison.«

»Du hast aber Sprüche«, antwortete Paps.

»Das sagt doch Mami immer!«

»Kann ja sein, aber warum weckst du mich denn schon so früh am Morgen?«

»Heute ist doch ein herrlicher Tag, Paps. Da müssen wir irgendetwas unternehmen!«

»Ach«, sagte Paps und gähnte. »Ist das so?« Er blickte aus dem Fenster. »Du hast Recht. Also, ahoi, Käpt'n!«

Während Paps im Badezimmer planschte, machte sich Miki in der Küche an das Frühstück. Die Eier und der Speck brutzelten schon in der Pfanne. Paps war immer noch im Badezimmer und sang. Der hat bestimmt die neue Hausordnung noch nicht gelesen, dachte Miki.

Gleich darauf schnupperte Paps zur Küchentür herein. »Lecker, lecker! Du kochst ja wie ein richtiger Schiffskoch!«

»Moment!«, sagte Miki. Sie holte schnell die Flasche Gin vom Wohnzimmer und goss Paps einen doppelten ein. Dann stellte sie die Pfanne auf den Tisch und machte eine einladende Handbewegung. Paps setzte sich. Ihm war ganz feierlich zumute.

»Mir kommt es vor wie im Märchen«, sagte er, »oder wie zu einer Zeit, die es gar nicht gibt.«

»Vielleicht weil die Uhren stehen geblieben sind?«, sagte Miki.

»Genau!«, rief Paps. »Aber jetzt 'ran an den Speck!« Er nahm einen kräftigen Schluck Gin. »Dein Kaffee ist Klasse! Überhaupt ein herrlicher Tag!« Paps kaute mit vollen Backen, dann wischte er sich den Mund mit dem Handrücken und schaute zur Küchentür. »Wieder etwas

Neues?«, fragte er kopfschüttelnd. Er stand auf und las die neue Tagesordnung. »Gar nicht schlecht!«, meinte er und lachte. »Wo du nur diese Ideen herhast?«

»Das kannst du dir aussuchen«, antwortete Miki. »Von Mami oder von dir! Aber jetzt geht's los: Punkt fünf – Morgenspaziergang. Heute ohne Regenschirm. Aber dafür bring ich dir etwas, damit du besser zu mir passt!« Sie sauste aus der Küche und kam gleich darauf mit einem blauen Zylinderhut zurück.

Paps blickte mit gerunzelter Stirn auf das alte Stück und sagte: »Den soll ich aufsetzen?«

»Bitte, Paps! Probier ihn doch mal!«

Paps ging in den Vorraum an den Spiegel.

»Der steht dir ausgezeichnet. Und außerdem passt er genau zu deinem karierten Anzug!«, flötete Miki. Ohne eine Antwort abzuwarten, hakte sie sich bei Paps ein, öffnete die Haustür und zog ihn in den Garten.

»Moment«, sagte Paps. »Die Schuhe werde ich doch noch anziehen dürfen. Pantoffeln passen vielleicht nicht so gut zum Zylinderhut!« Miki nahm Paps' Pantoffeln, stürzte ins Haus und brachte seine Schuhe.

Paps schlüpfte hinein und sperrte die Haustür ab. Da standen sie nun und blinzelten in die Morgensonne.

»Miki, das wird heute ein herrlicher Tag!«, sagte Paps. Dann zogen sie los.

»Wohin gehen wir eigentlich?«, fragte Paps.

»Irgendwohin!«, sagte Miki.

In den Fenstern hängten die Hausfrauen die Betten in die Sonne. Die Kinder schliefen anscheinend noch, weil keiner ihrer Freunde auf der Straße zu sehen war. Nur die Spatzen saßen auf den Straßenlaternen und auf den Hausdächern und tschilpten.

Dafür kam ein dicker Herr mit seinem Hund daher. Als er die beiden erblickte, machte er ein ziemlich erstauntes Gesicht und nahm gleich seinen Hund kurz an die Leine.

»Guten Morgen!«, sagte Miki laut, weil er sie so anstarrte. »Haben Sie vielleicht noch nie eine Dame mit einem Strohhut gesehen?«

»Wuff!«, sagte der Hund. Der dicke Herr sagte gar nichts. Er konnte auch nichts sagen, weil sein Mund so weit offen stand wie seine Augen.

»Der ist wenigstens höflich, der Hund!«, sagte Miki.

»Nicht so laut!«, flüsterte Paps. »Das ist Direktor Schmerbein vom Stadtamt. Aber der kennt mich heute nicht!«

Sie kamen an eine kleine Wiese. Die war mit Stangen eingezäunt.

»Bitte, Paps, darf ich ein bisschen Stangen gehen?«, bettelte Miki.

»Wenn du große Lust hast«, sagte Paps.

»Du wirst sehen, was das für ein Spaß ist! Halte mir mal meinen Strohhut.« Sie kletterte auf die Stange. »Sieh her, die Füße werden *voreinander* gestellt«, belehrte sie Paps. »Das macht man so, weil die Stange nicht so dick ist, dass man die Füße *nebeneinander* stellen kann.« Nach dem ersten Schritt schwankte sie und fiel herunter.

»Noch einmal versucht!«, rief sie. Wieder fiel sie herunter.

»Es ist eben nicht so leicht«, tröstete Paps und Miki rieb sich den Rücken.

»Schließlich ist noch jeder Meister einmal vom Himmel gefallen«, sagte sie und versuchte es wieder. Nach dem zwölften Mal kam sie schon fast über die halbe Stange.

»Hör mal, Miki«, fing nun Paps an. »Ich glaube, du hältst die Hände nicht richtig. Komm herunter, ich zeig's dir!«

Das hätte er gar nicht sagen brauchen. Denn Miki fiel vor Staunen sofort von der Stange.

»Du?«, fragte sie verwundert und nahm Paps ihren Strohhut ab.

Paps stand schon oben. »Linker Arm nach links, rechter Arm nach rechts und den Kopf immer geradeaus!«, sagte er. »Und jetzt der rechte Fuß, dann der linke Fuß und wieder der rechte Fuß, und schau nicht nach unten, sonst fällst du hinunter!«

»Paps!«, schrie Miki und hüpfte vor Begeisterung von einem Fuß auf den andern. »Du bist ja ein Meister!«

Paps war im Nu über die Stange gelaufen, ohne zu schwanken oder gar hinunterzufallen. Jetzt drehte er um und hüpfte auf einem Fuß zurück.

»Jetzt komm herauf, Miki, jetzt machen wir's miteinander!«, rief Paps fröhlich.

Miki setzte ihren Strohhut auf und hops – es ging los: links und rechts und links und rechts, genau wie Paps es vormachte. Dabei spreizte sie die Arme zur Seite wie Windmühlflügel. Es ging herrlich.

»Du bist ein Zauberer, Paps!«, lachte Miki.

Da kam der dicke Herr mit seinem Hund wieder vorbei. Er blieb stehen und schaute ziemlich belämmert auf Paps, dann auf Miki und wieder auf Paps.

Plötzlich begann der Herr zu kichern und klopfte mit dem Zeigefinger auf seine Stirn. »Was machen Sie denn da?«, meckerte er.

Miki fiel vor Aufregung herunter. Aber Paps blieb oben. Er machte nur einen zornigen Luftsprung auf der Stange, drehte sich zu dem dicken Herrn mit seinem Hund und runzelte die Stirn.

»Ich bin Professor Feuerfressor«, sagte er und zog feierlich seinen blauen Zylinderhut. »Und was ich hier mache, geht Sie einen Dreck an!« Dann setzte er den Zylinderhut wieder auf und hüpfte die Stange auf einem Fuß zurück.

Der Herr war platt. Miki auch. Ihr Paps hatte wirklich und wahrhaftig »Dreck« gesagt. Sie kam aus ihrer Bewunderung nicht heraus. Paps war einfach prima!

Aber dann tat ihr der dicke Herr Schmerbein leid, wie er so dastand und kein Wort herausbrachte. Sie ging ganz nahe an ihn heran und flüsterte: »Herr Feuerfressor übt. Wir sind nämlich vom Zirkus. Haben Sie noch nie etwas von *Papamiki Bellissimo* gehört? Der Herr Professor ist ein großer Künstler, er übt, wo er geht und steht. Möchte der Herr vielleicht eine Karte für die Vorstellung kaufen?« Sie griff in die Tasche ihres Matrosenkleides.

Der dicke Herr wehrte mit beiden Händen ab. »Danke, danke. Und entschuldigen Sie, dass ich Sie gestört habe.

Natürlich habe ich schon von Ihrem berühmten Pimpi-maki-Zirkus gehört und auch von dem berühmten Herrn Feuer... Äh, Feuer... Dings...!« Dabei ging er vorsichtig Schritt um Schritt rückwärts.

Miki hätte brüllen können vor Lachen. Aber das ließ sie vorsichtshalber bleiben. Außerdem tauchte gerade in diesem Augenblick ein Polizist an der Straße auf und ging auf die Wiese zu.

Miki wurde ein wenig bleich. »He, Paps!«, rief sie halblaut. »Willst du nicht herunterkommen?«

»Aber warum denn?«, fragte Paps. »Jetzt, wo ich so schön in Form bin? Komm doch du wieder herauf!«

»Paps!«, flüsterte Miki aufgeregt. »Da kommt ein Polizist!«

»Ach so!«, sagte Paps. »Das ist etwas anderes!« Aber er kam nicht etwa herunter. Er blieb oben, nahm seinen Zylinderhut ab und machte auf der Stange mit einer Hand einen Handstand.

Inzwischen war der Polizist näher gekommen. Miki bebte ein wenig. Andererseits hätte sie gerne gewusst, was Paps zu dem Polizisten sagen würde.

»Hallo, Sie!«, rief der Polizist streng. Weiter kam er nicht. Herr Schmerbein hatte ihn nämlich am Ärmel gepackt und flüsterte ihm etwas ins Ohr. Der Polizist blickte erstaunt auf Paps, dann auf Miki und machte Augen wie Kaffeetassen. Dann stand er stramm und legte die Hand an die Mütze.

Paps, der schon eine Weile mit einem Auge auf die Stange und mit dem anderen auf den Polizisten geschielt hatte, blieb auf einer Hand stehen und winkte mit dem Zylinderhut. Miki riss ihren Strohhut vom Kopf, schwenkte ihn durch die Luft und schrie: »Bellissimo! Ahoi, Papamiki!«

Daraufhin salutierte der Polizist noch einmal und marschierte weiter.

Der dicke Herr Schmerbein lüftete seinen Hut, lächelte Miki verlegen zu und ging mit seinem Hund rasch davon.

Miki schaute Paps an und Paps schaute Miki an. Dann mussten beide lachen und Paps lachte so herzlich, dass er nun auch von der Stange fiel. Er stand wieder auf, putzte seinen Anzug und den Zylinderhut mit dem Taschentuch ab und sagte fröhlich: »Na, wie haben wir das gemacht?«

»Prima, Paps! Einfach toll!«, rief Miki und fiel Paps um den Hals.

»Nur keine überschwänglichen Komplimente«, wehrte Paps ab. »Wollten wir nicht spazieren gehen?«

»Natürlich!« Miki wischte sich die Lachtränen aus den Augenwinkeln, sie rückte ihren Strohhut zurecht und dann zogen die beiden los.

Im sechsten Kapitel gibt es eine große Aufregung

Die Spatzen auf den Alleebäumen machten einen fürchterlichen Lärm. Miki musste an ihre Freunde denken. Dass sich heute überhaupt keine Kinder blicken ließen?

»Sag, Paps, wie spät ist es eigentlich?«

»Das weiß ich leider nicht! Meine Uhr ist stehen geblieben, weißt du. Bei mir ist's immer noch zwölf.«

»Ich möchte wissen, warum heute keine Kinder auf der Straße sind«, sagte Miki.

»Vielleicht sind sie in der Schule?«

»Aber Paps! Jetzt sind doch Ferien! Ich bin ja auch …«

»Richtig, du bist ja auch …«

In diesem Augenblick fuhr Mikis Freund Fritz von der Tankstelle mit dem Rad vorbei. Er rief ihnen guten Morgen zu und noch etwas, was Miki nicht verstand; es klang irgendwie nach »Feuer«. Außerdem schien es Fritz ziemlich eilig zu haben.

»Vielleicht brennt es irgendwo!«, sagte Miki aufgeregt. »Es wird doch nicht die Schule sein?«

»Keine Sorge, Miki!«, beruhigte sie Paps. »Die brennt schon nicht. Aber mir fällt etwas ein: Da habe ich gestern in dem Programm etwas von einem Fest gelesen, von einer Feuerwehrübung oder so etwas.« Paps rieb sich das Kinn. »Am besten, wir sehen einmal nach, Miki!«

Sie eilten durch einige Straßen und sahen von weitem eine Bushaltestelle. Da stand gerade ein Bus.

»Los, Miki!«, rief Paps. »Den kriegen wir noch!« Paps hielt seinen Zylinderhut fest und Miki ihren Strohhut. Dann sausten die beiden los.

Der Fahrer hatte die Tür schon geschlossen, aber er öffnete sie noch einmal, als er die beiden daherrennen sah. »Wollt ihr auch noch zum Fest?«

»Ja, klar!«, sagte Paps und die beiden sprangen in den Bus. »Zweimal zum Fest!«, sagte Paps und bekam die Karten.

Der Bus war ziemlich voll. Miki fing die erstaunten Blicke der Fahrgäste auf und sah, wie sie zu tuscheln begannen. Sie rückte verlegen ihren Strohhut zurecht und blickte Paps an. Paps zwinkerte ihr mit dem rechten Auge zu. Dann schaute er mit weit ausholender Armbewegung auf seine Armbanduhr, auf der es immer noch zwölf war, und sagte in piekfeinem Ton so laut, dass es alle hörten: »Wir werden doch hoffentlich noch zurechtkommen, Fräulein Miki!«

Augenblicklich verstummte das Getuschel und zwei junge Damen sprangen von ihren Sitzen auf, um sie dem Herrn mit dem blauen Zylinder und dem Fräulein mit dem großen Strohhut anzubieten.

»Vielen Dank, meine Damen!«, lächelte Paps und nahm mit Miki Platz. »Die glauben sicher, wir sind vom Komitee!«, flüsterte er Miki ins Ohr, und Miki richtete sich stocksteif auf und machte ein würdiges Gesicht.

»Hauptplatz!«, rief der Schaffner und alle Leute stiegen aus. Da war ein Gewimmel! Die Straße war voll mit par-

kenden Autos und auf dem Hauptplatz, wo das Rathaus stand, drängte sich eine riesige Menschenmenge. Vor dem Rathaus waren sieben Löschzüge der Feuerwehr aufgefahren und die Feuerwehrmänner machten gerade Sprungübungen. Die Leute klatschten und die Musikkapelle spielte einen flotten Marsch.

Die Holzbühne vor dem Rathaus war mit Fahnen und Kränzen geschmückt. »Das ist die Ehrentribüne«, sagte Paps. »Dort oben sitzen die wichtigsten Leute unserer Stadt. Der Große ist der Herr Bürgermeister. Und der kleine Dicke ist der Feuerwehrhauptmann!«

»Der mit dem Staubwedel auf dem Kopf?«, fragte Miki.

»Ja, der!«, sagte Paps. »Aber das ist kein Staubwedel, sondern ein Federbusch auf seinem Helm!«

»Wer ist denn der Dünne mit dem Bart?«, wollte Miki wissen.

»Das ist der Direktor des Tierschutzvereines. Und der zweite in Uniform ist der Polizeidirektor!«

Die Musikkapelle spielte gerade einen Tusch und der Bürgermeister trat an das Geländer der Tribüne.

Der will sicher eine Rede halten, dachte Miki. Die Kapelle spielte wieder einen Tusch, die Leute schauten zur Bühne und hörten auf zu schwätzen und zu lärmen.

»Hochverehrte Festgäste!«, begann der Bürgermeister. »Sehr geehrte Damen und Herren! Liebe Mitbürger!«

Miki und Paps standen zwar ganz hinten in der Menschenmenge, aber sie konnten doch alles gut hören, weil der Bürgermeister in ein Mikrofon redete. An den Laternenpfählen waren Lautsprecher aufgehängt. Der Bürgermeister hielt sich mit einer Hand am Mikrofon fest und wollte fortfahren. Aber als er gerade den Mund aufmachte, hörte Miki: »He, was ist denn da oben los?«

Jemand aus der Menge hatte das gerufen. Die Leute drehten sich nach dem Störenfried um und einige riefen: »Ruhe!«

»Hochverehrte Festgäste!«, begann der Bürgermeister wieder.

»Dort oben ist doch jemand!«, rief die Stimme aus der Menge. Es entstand eine Bewegung unter den Leuten, einige Hände flogen hoch, zeigten auf den Rathausturm und nun riefen mehrere: »Da ist jemand oben!«

»Sehr verehrte Festgäste!«, versuchte es der Bürgermeister noch einmal. Aber die Leute hoben alle den Kopf und blickten zum Rathausturm hinauf. Hunderte Hände fuchtelten in der Luft herum und im Geschrei verstand Miki immer nur »da oben« und »Dachrinne«.

Der Bürgermeister wurde nun doch nervös und rief etwas ins Mikrofon, was man aber wegen des Lärmes nicht verstehen konnte.

»Was ist denn los?«, fragte Miki und schaute angestrengt auf den Rathausturm.

»Ich weiß es auch nicht!«, sagte Paps. »Aber mir scheint, dort oben in der Dachrinne bewegt sich etwas!«

Inzwischen liefen die hohen Herren der Stadt auf der Tribüne aufgeregt durcheinander. Der Polizeipräsident stürzte zum Mikrofon und schrie etwas hinein. Der Feuerwehrhauptmann und der Direktor des Tierschutzvereines zogen ihn vom Mikrofon weg und schrien auch etwas hinein. Dabei zeigten sie nun ebenfalls auf das Dach des Rathauses.

»Jetzt sehe ich etwas!«, sagte Miki. »Etwas Grünes! Vielleicht sitzt ein Papagei in der Dachrinne?«

»Glaube ich kaum«, sagte Paps. »Der würde doch wegfliegen!«

»Vielleicht hat er sich den Flügel verstaucht oder er fürchtet sich so hoch oben?«

»Vielleicht ist es eine Katze, die sich verstiegen hat«, sagte Paps.

»Katze?« Miki lächelte mitleidig. »Eine *grüne* Katze?«

»Vielleicht hat sie einen grünen Pullover an«, sagte Paps.

Miki hatte keine Zeit für eine Antwort, sie nahm Paps am Ärmel und zog ihn in Richtung Rathausturm. Dort drängte die Polizei jetzt die Menschen zurück und der größte der Feuerwehrwagen fuhr vor. Die Leiter schob

sich in die Höhe. Höher, höher, bis zum dritten Stock, zum fünften Stock, zum siebten Stock, jetzt war sie bei der großen Uhr und jetzt nur noch ein Stück – da blieb sie stehen.

»Zu kurz!«, sagte Paps.

Trotzdem kletterte ein Feuerwehrmann hinauf. Die Menge feuerte ihn an. Als er zum siebten Stockwerk kam, wurde es stiller, und als er über der Rathausuhr war, wurde es noch stiller. Unten standen die übrigen Feuerwehrleute und spannten das große Sprungtuch auf. Jetzt war er ganz oben. Aber er hätte ein Riese von fünf Metern sein müssen, wenn er das grüne Etwas hätte erreichen wollen. Das grüne Ding in der Dachrinne bewegte sich ein wenig und der Feuerwehrmann stieg wieder herunter.

Die Leute begannen zu schreien und Miki sah, wie sich die Herren auf der Ehrentribüne besprachen. Nun bewegte sich der Staubwedel und der Feuerwehrhauptmann ging selbst zur Leiter. Die Leute wurden gleich wieder ruhig und sahen gespannt zu, wie er Sprosse um Sprosse hinaufkletterte. Aber als er oben war, konnte er genauso wenig bis zur Dachrinne reichen wie der erste Feuerwehrmann, und der war sogar um ein gutes Stück größer gewesen.

In dem Augenblick, als der Feuerwehrhauptmann den Rückzug antrat, bewegte sich das grüne Ding in der Dachrinne wieder; Miki war es, als hätte sie ein schwaches Winseln gehört.

»Paps!«, sagte Miki aufgeregt. »Das ist ein Hund!«

»Hund?« Jetzt lächelte Paps mitleidig. »Ein *grüner* Hund?«

»Na ja«, sagte Miki, »vielleicht hat er eine grüne Bade-
hose an!«

Inzwischen waren Paps und Miki schon ganz nahe an
die Tribüne herangekommen. Der Feuerwehrhauptmann
gab Befehle und die Männer begannen die Schläuche
aufzurollen und sie an die Löschwagen anzuschließen.
Zwei Feuerwehrmänner stiegen mit den Schläuchen auf
die Tribüne.

Als die Leute das sahen, fingen sie zu pfeifen und zu
schreien an und der Feuerwehrhauptmann komman-
dierte die beiden schnell wieder herunter. Hierauf hatte
der Feuerwehrhauptmann eine heftige Auseinanderset-
zung mit dem Tierschutzvereinsdirektor, wobei sich der
Federbusch auf dem Helm des einen und der Schnurrbart im Gesicht des anderen vor Erregung sträubten.
Dann trat der Tierschutzvereinsdirektor ans Mikrofon.

»Ruhe!«, rief er. »Meine Damen und Herren! Nachdem
wir alles Menschenmögliche versucht haben, bleibt uns
kein anderer Weg: Wir werden den – eh, die – eh – das
verdammte Ding da oben herunterspritzen müssen und
es mit dem Sprungtuch auffangen. Ich bitte Sie, Ruhe
und …«

»Pfui! Pfui! Buh!«, schrie die Menge und manche ballten
die Fäuste und boxten Löcher in den Himmel.

Im siebten Kapitel gibt es eine großartige Überraschung

Paps schüttelte den Kopf. »Ich weiß nicht, warum die so ein Geschrei machen!«

Miki sagte gar nichts. Sie war nur neugierig, was die Herren auf der Ehrentribüne jetzt machen würden.

Der Tierschutzvereinsdirektor hob beschwörend die Hände, und als es wieder etwas ruhiger geworden war, sagte er: »Ist jemand von den Anwesenden bereit, noch einen Versuch zu wagen und das Tier herunterzuholen? Ich biete eine Prämie von fünfhundert Euro!« Zuerst ging ein Raunen und Wispern durch die Menge und dann wurde es ganz still. Und in die Stille hinein rief plötzlich jemand laut: »Hier!«

Miki schaute sich entsetzt um. Die Stimme war nahe neben Paps.

»Hier ist jemand!«, sagte die Stimme wieder. »Der kann das bestimmt!«

Miki erkannte den dicken Herrn mit dem Hund, dem sie beim Stangengehen begegnet waren. Er zeigte auf Paps, und ehe sich's Miki versah, hatten die Polizisten Paps schon auf die Tribüne geschoben und der dicke Herr mit dem Hund folgte ihnen. »Das ist Herr Professor Feuerfressor, der berühmte Akrobat! Für den ist das nur eine Kleinigkeit!«

Miki sah, wie Paps etwas verlegen seinen Zylinderhut

lüftete und sich vor den Herren verbeugte. Sie war zuerst
sehr erschrocken. Aber dann dachte sie: Warum eigentlich nicht? Paps hat mir doch gezeigt, was er alles kann.
Für ihn ist das wirklich eine Kleinigkeit! Sie schaute zum
Turmdach hinauf. Dort oben war ein Stück Dachrinne.
Daran müsste er hinaufklettern. Aber Paps war ziemlich
groß. Ob die Dachrinne halten würde? Vielleicht wäre es
überhaupt besser, wenn …

Gerade als Paps mit dem Vorstellen fertig war, ging ein
Schrei durch die Menge. Alle rissen den Kopf herum und
schauten entsetzt zum Turm. Über die lange, schmale
Feuerwehrleiter turnte ein kleines Mädchen. Jetzt kam es
schon zum fünften Stockwerk.

»Komm sofort herunter!«, schrie der Feuerwehrhauptmann.

»Herunterkommen!«, riefen der Bürgermeister, der Polizeidirektor und der Direktor des städtischen Tierschutzvereines.

Miki machte überhaupt keine Anstalten, herunterzukommen. Die Feuerwehrmänner rannten mit dem Sprungtuch herbei und die Leute wurden ganz still. Miki war nämlich schon am Ende der Leiter angekommen. Ohne Zögern fasste sie die Dachrinne und kletterte hinauf.

Da haben wir den Salat!, dachte Paps. Jetzt heißt's durchhalten!

»Meine Herren!«, sagte er zu den Männern auf der Ehrentribüne. »Meine Herren, das haben wir gleich!«

Paps drückte sich den Zylinderhut fest auf den Kopf und kletterte mit Windeseile Miki nach.

Inzwischen war Miki bei dem grünen Etwas angelangt. Sie streckte eine Hand aus und fasste etwas Weiches, Pelziges, das leise zu winseln anfing. »Also doch!«, sagte sie und zog einen kleinen struppigen Hund heraus. Jetzt hatte sie aber nur eine Hand frei. Wie sollte sie da die Dachrinne hinunterklettern?

Sie wagte einen kurzen Blick zurück. Da ging es aber ein schönes Stück hinunter! Miki bekam plötzlich ein flaues Gefühl im Magen, im Hals fing es zu klopfen an und es kam ihr vor, als würde der Turm plötzlich zu schwanken beginnen. Sie drückte das pelzige Knäuel fest an sich und schloss die Augen.

Paps war inzwischen beim siebten Stockwerk vorbei, bei der Turmuhr, da fing die lange dünne Leiter an zu

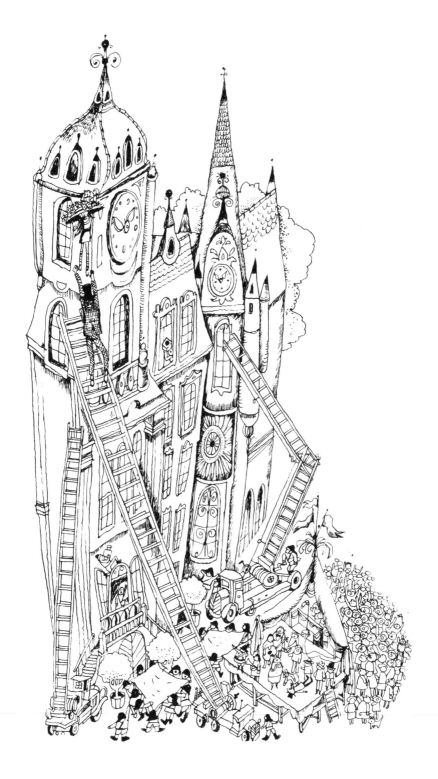

wackeln. Er blickte hinunter, und als ihm die Leute unten nur noch so groß wie Ameisen erschienen, begannen seine Knie zu zittern. Aber dann schaute er auf Miki, wie sie mit dem Fellbündel an der Dachrinne hing und keine Miene verzog. »Was meine Tochter kann, kann ich auch!«, sagte er sich. »Miki, ich komme!« Und Miki wagte einen Blick zurück und sah Paps.

Jetzt war alles in Ordnung. Paps war da! Wie sicher er heraufstieg! Jetzt spürte sie keine Angst mehr. »Ich komme!«, rief sie und ließ sich an der Dachrinne hinunterrutschen. Paps konnte sie gerade noch am Leiterende abbremsen und auffangen.

»Paps!«, rief Miki. »Ich hab ihn!«

Die Leute auf dem Platz begannen plötzlich zu klatschen und zu schreien: »Hoch! Hoch!«

Paps nahm seinen Zylinderhut ab, steckte das Pelzknäuel hinein und setzte den Hut wieder auf. Dann klemmte er sich Miki unter den Arm und stieg die Leiter schleunigst hinab. Die Leute tobten vor Begeisterung. Sie warfen Hüte, Schirme und Stöcke in die Luft, und als die beiden unten ankamen, nahmen sie Paps und Miki auf die Schultern und trugen sie zur Tribüne.

Als die beiden oben standen, nahm Paps seinen Zylinderhut ab und zog das Fellbündel heraus. Es war ein kleiner Hund. Und er war tatsächlich grün!

Die Kapelle spielte einen Tusch und die Leute schrien: »Hurra, hoch, hoch! Bravo!«

Der Bürgermeister trat als Erster vor und schüttelte

Paps und Miki die Hand. Inzwischen waren die Reporter auf die Tribüne geklettert und nun blitzte es von allen Seiten auf. Als Nächster gratulierte der Polizeidirektor und sagte, er werde ihnen Ehrenschutz geben lassen.

»Sie haben der ganzen tierliebenden Menschheit ein Beispiel gegeben!«, sagte der Tierschutzvereinsdirektor gerührt. »Ich danke Ihnen, Herr Professor, und besonders Ihnen, mein Fräulein, für Ihren heldenhaften Einsatz. Und als Anerkennung werde ich Ihnen die versprochene Prämie von fünfhundert Euro anweisen lassen!« Miki blinzelte verlegen unter ihrem Strohhut hervor und Paps verneigte sich würdig.

Nun trat der Feuerwehrhauptmann vor. Er war kein Freund vieler Worte. Mit einer schwungvollen Handbewegung nahm er den goldenen Stern ab, den er an einem Band an der Uniform trug, und hängte ihn Miki um den Hals. Dann drückte er Paps die Hand, salutierte und trat ab. Die Menschen auf dem Platz schrien vor Begeisterung und die Kapelle spielte wieder einen Tusch, dass die Ehrentribüne wackelte.

Anscheinend war das dem grünen Fellbündel, das Paps in der Hand hielt, zu viel geworden. Es begann schrecklich zu jaulen.

Der Tierschutzvereinsdirektor gab dem Kapellmeister einen Rippenstoß und der winkte sofort ab. Alle auf der Tribüne wandten sich dem Pelzknäuel zu.

»Was ist das eigentlich?«, fragte der Bürgermeister.

»Sieht aus wie ein Hund«, meinte der Kapellmeister, »nur dass er grün ist!«

Der Tierschutzvereinsdirektor strich sich den Bart und sagte gar nichts.

»Er wird doch nicht staatsgefährlich sein?«, meinte der Polizeidirektor besorgt.

»Nein, nein!«, rief der Tierschutzvereinsdirektor rasch. »Das bestimmt nicht, aber – die Farbe?!«

»Was heißt da *aber*?«, empörte sich nun der Feuerwehrhauptmann. »Entweder ist es ein Hund oder es ist keiner!« Und weil er ein Mann der Tat war, zwickte er kurz entschlossen das Fellbündel in den Schwanz.

»Wuff, wuff! Wau, wau, wui!«, bellte es und winselte.

»Na also!«, sagte der Feuerwehrhauptmann zufrieden. »Der Fall ist geklärt!«

Der Tierschutzvereinsdirektor aber blickte ihn entsetzt an und sagte streng: »Ich muss schon bitten! Hier in aller Öffentlichkeit!«

Der Bürgermeister und der Polizeidirektor verkniffen sich ein Lachen und der Kapellmeister sagte: »Aber grün ist er doch!«

»Vielleicht hat er zu lange in der Dachrinne gelegen«, meinte der Feuerwehrhauptmann. »Da wird er ein wenig vermoost sein!«

»Vielleicht ist er doch staatsgefährlich?«, fing der Polizeidirektor an.

»Sie sind herzlos!«, zischte der Tierschutzvereinsdirektor. Er wusste einfach nicht, wie er mit dieser ungewöhnlichen Lage fertig werden sollte. Aber plötzlich hatte er den rettenden Einfall! Er riss das Mikrofon an sich und verkündete so laut, dass es alle Leute hören konnten: »Und so schenke ich das niedliche Tier seiner Retterin! – Magst du es?«, fügte er leise hinzu.

Miki nahm das armselige moosgrüne Bündel in die Arme und presste es fest an sich.

Der Tierschutzvereinsdirektor hob die Hand und die Leute schrien: »Bravo, bravo!«

»Ich glaube, das kleine Fräulein möchte jetzt nach Hause!«, sagte Paps höflich.

Der Bürgermeister strahlte, denn er wollte nun endlich seine Rede halten. »Aber natürlich. Wir werden Sie gleich hinbringen!« Er winkte seinem Chauffeur und gleich darauf fuhr der schwarze Mercedes des Bürgermeisters vor. Die Pressefotografen blitzten noch einmal, die Leute winkten, dann waren Paps und Miki in den weichen Polstern des Wagens verschwunden.

Der Fahrer gab Gas und flankiert von zwei Polizisten auf ihren schnellen Motorrädern sausten die drei heimwärts.

*Im achten Kapitel findet Miki einen tollen Namen für
ihren Hund und gründet einen modernen Haushalt*

»Hier bitte!«, sagte Paps.

Der Fahrer bremste und hielt. »Wohnt hier in der Nähe
nicht der bekannte Universitätsprofessor Ehrenwert?«,
fragte er.

»Ja, ja«, sagte Paps verlegen. »Ich sehe ihn manchmal.
Und vielen Dank!« Paps und Miki stiegen aus. Der
schwarze Mercedes wendete, die Polizisten salutierten,
wendeten auch und brausten auf ihren schnellen Maschi-
nen davon.

»Das hätten wir geschafft!«, seufzte Paps und schloss
die Haustür auf.

Im Vorraum hängte Miki ihren Strohhut an den Haken
und Paps seinen blauen Zylinderhut. Er hob die Zeitung
auf, die der Briefträger durch den Briefschlitz der Haustür geworfen hatte. »Wenn du mich brauchst, Miki, dann
ruf nur«, sagte er und setzte sich ins Wohnzimmer.

Miki trug ihr Fellknäuel ins Badezimmer und setzte es
auf die Waschmaschine. »Gleich sind wir so weit, mein
Lieber!«, sagte sie zärtlich. Sie ließ ein wenig Wasser in
die Wanne, nicht zu kalt, nicht zu heiß, legte die Seife,
den Waschlappen und das Handtuch bereit, dann nahm
sie die Zahnbürste, betrachtete sie ernsthaft und steckte
sie wieder in den Becher zurück.

»Wer weiß, ob er überhaupt schon Zähne hat«, murmelte sie. Dann hob sie den kleinen grünen Hund in die Wanne und seifte, schäumte, schrubbte und wusch. Dem Hund schien es Spaß zu machen, er wedelte mit dem Zottelschwänzchen und ließ von Zeit zu Zeit ein fröhliches »Wuff« hören.

Nun wurde er abgespült und abgetrocknet, aber zu Mikis großem Erstaunen war er noch genauso grün wie vorher, noch grüner sogar, weil der Staub und der Schmutz weg waren.

»Paaaps! Paaaaps!«

»Was ist, Mikilein?«, rief Paps und kam aus dem Wohnzimmer.

»Oh!«, sagte er überrascht, als er das Hündchen frisch gebadet in strahlendem Grün auf der Waschmaschine stehen sah. »Paps, die Farbe geht nicht weg!«, sagte Miki und ließ die Mundwinkel hängen.

Paps strich dem Hündchen zart über das zottige Fell und betrachtete es genau. »Die Farbe scheint richtig angewachsen zu sein«, meinte er. »Vielleicht hat er wirklich zu lange in der Dachrinne gelegen.«

»Du Armer«, sagte Miki, »du hast sicher schrecklichen Hunger!« Sie nahm den Hund auf die Arme und legte ihre Wange an sein Fell.

»Paps!«, rief sie plötzlich. »Wir haben ja heute noch gar nicht zu Mittag gegessen!«

»Manchmal merkst du alles!«, sagte Paps. »Mir knurrt schon der Magen!«

»Aber erst muss ich unseren Gast versorgen!«, sagte Miki bestimmt. »Denk du inzwischen nach, was wir kochen sollen!«

Miki stürzte in die Küche und durchwühlte den Kühlschrank. Leider war nichts Geeignetes zu finden außer einem Zipfelchen Wurst. Das Hündchen stellte sich auf die Hinterbeine und schnupperte.

»Gleich, mein Süßer«, tröstete ihn Miki. »Die ist zu kalt für dich, so frisch aus dem Kühlschrank. Ich werde sie dir wärmen.« Sie stellte eine Pfanne auf den Herd und legte die Wurst hinein.

»Ist dir schon etwas eingefallen?«, fragte sie Paps, der jetzt ebenfalls im Kühlschrank kramte.

»So viele Möglichkeiten haben wir nicht«, seufzte er. »Da ist noch ein Paket Spinat. Was sagst du zu Spinat mit Spiegelei?«

»Ist doch meine Leibspeise!«, sagte Miki. Dann wandte sie sich wieder dem Hund zu, der vor dem Elektroherd saß und schnupperte. Sie nahm die angewärmte Wurst aus der Pfanne und legte sie ihm vor. Das Hündchen wackelte mit der Nase, schnappte ein wenig und ließ die Wurst liegen.

»Sie ist ja viel zu groß für dich!«, sagte Miki. »Warte, ich schneide sie!«

Der Hund schluckte ein Stückchen hinunter, schnupperte an den übrigen und drehte die Nase weg.

»Paps!«, sagte Miki weinerlich. »Er frisst nicht!«

»Das ist schlimm«, sagte Paps. »Vielleicht mag er Wurst nicht?«

Während Miki weitere vergebliche Versuche anstellte, machte Paps den Spinat warm, schlug vier Eier in die Pfanne und schnitt Brot ab.

»Aber das gibt's doch gar nicht!«, rief Miki. »Ein Hund, der keine Wurst mag!«

»Es scheint eben ein besonderer Hund zu sein!«, sagte Paps. »Jetzt komm, das Essen ist fertig!«

Miki setzte sich still zum Tisch und das Hündchen verkroch sich unter den Küchenschrank.

»Mahlzeit, Miki!«, sagte Paps fröhlich und gab ihr Spinat und Ei auf den Teller. »Deine Leibspeise!«

»Mahlzeit!«, sagte Miki traurig. »Heute schmeckt sie mir nicht.«

Während sie lustlos im Essen stocherte, kam auf einmal das Hündchen unter dem Schrank hervor. Es setzte sich neben Miki und schnupperte.

»Das hast du jetzt davon!«, sagte Miki. »Erst bist du heikel und jetzt hast du Hunger!« Sie stand auf und holte die Wurststückchen. Aber der Hund drehte gleich wieder die Nase weg.

»Wenn du nichts magst, musst du eben verhungern!«, sagte Miki böse und setzte sich wieder zum Tisch. Aber der Hund ließ sich nicht irremachen. Er kam ganz nahe an Miki heran und legte seine Vorderpfoten auf ihre Knie.

Miki funkelte ihn an.

»Wuff!«, sagte das Hündchen und legte den Kopf schief.

Da musste Miki lachen. »Wenn ich nur wüsste, was ich mit dir anfangen soll?!«

»Wuff!«, sagte das Hündchen wieder und schnupperte.

»Ich hab doch nur Spinat auf dem Teller!«, sagte Miki und hielt ihm den Löffel unter die Nase. Und das Hündchen? Das leckte ihn sofort aus.

»Das gibt's doch gar nicht!«, rief Miki. »Ein Hund, der Spinat frisst?!«

Sofort nahm sie ihren Teller und setzte sich zu ihrem grünen Hündchen auf den Boden.

»Wuff!«, sagte das Hündchen und machte sich gierig über den Spinat her. Auch das Spiegelei schien ihm sehr gut zu schmecken.

»Paps!«, schrie Miki begeistert. »Der mag meine Lieblingsspeise. Da passen wir ja genau zusammen!«

»Es scheint so«, sagte Paps lachend. »Aber jetzt hast du fast nichts gegessen!«

»Macht nichts«, sagte Miki, »dafür ist mir etwas eingefallen. Ich weiß, wie wir das Hündchen nennen.«

»Wie denn?«, fragte Paps neugierig.

»Spinat!«, sagte Miki feierlich.

»Nicht übel. Er isst Spinat und heißt Spinat. Und obendrein sieht er wie Spinat aus. Eine ausgezeichnete Idee!«

»Spinat, Spinat!«, sang Miki und tanzte durch die Küche, während Spinat, der noch gar nicht wusste, dass er so hieß, den letzten Spinat aus dem Teller leckte.

»Jetzt werden wir wohl abwaschen müssen!«, unterbrach Paps Mikis Freudentaumel.

»Das mach ich schon! Setz du dich ins Wohnzimmer!«, sagte Miki und schob Paps sanft zur Tür hinaus.

Aber da hatte sie schon wieder eine Idee! »Abwaschen? Das ist doch altmodisch. Wir sind ein moderner Haushalt!«

Miki tanzte zum Küchenschrank, holte ein Tablett heraus und türmte das schmutzige Geschirr und Besteck darauf, legte das Geschirrtuch, den Topflappen und das Tischtuch darüber und trug den ganzen Berg ins Badezimmer. Spinat, der vor der Tür warten musste, hörte nur ein wenig klappern, dann tauchte sein Frauchen wieder auf.

»Weißt du, was jetzt auf der Tagesordnung steht?«, sagte Miki. »Das weißt du natürlich nicht! Da steht unter Punkt sieben: Mit Miki in die Luft gehen. Und jetzt nehmen wir den Rotstift und schreiben dazu: UND MIT SPINAT! Aber erst will ich dich schön machen!«

Miki sauste die Treppe hinauf und Spinat hinterher. Aus ihrem Schrank nahm Miki eine blaue Haarschleife und band sie Spinat an das rechte Ohr. »Süß«, sagte sie, »aber es könnte dich einer mit einer Katze verwechseln und Blau steht dir auch nicht gut!« Sie nahm die Schleife wieder ab. »Auf jeden Fall kriegst du eine schöne Leine!«

Sie gingen ins Schlafzimmer der Eltern. Miki öffnete den großen Schrank. Da hingen Paps' Krawatten. »Wie wäre es mit der karierten oder mit der silbernen? Leider zu kurz! Aber der schöne rote Gürtel von Mamis neuem Sommerkleid? Hübsch, was?«

Miki band den schmalen korallenroten Gürtel vorsichtig um Spinats Hals, sodass er locker saß und ihr Hündchen nicht würgte. Dann hob sie Spinat vor den Spiegel. »Der steht dir ausgezeichnet! Das müssen wir gleich Paps zeigen!«

»Wuff!«, sagte Spinat, hopste von Mikis Arm, sauste die Treppe hinunter und setzte sich vor die Wohnzimmertür. Miki klopfte.

»Paps, wir sind fertig!«

»Ach, schon?«, sagte Paps.

»Wieso schon?«, fragte Miki erstaunt und öffnete die Tür. »Wir wollten doch spazieren gehen!«

»Was, schon wieder?«, sagte Paps und blickte von seiner Zeitung auf. »Ich habe gerade einen spannenden Bericht gelesen!« Da fiel sein Blick auf Spinat. »Der sieht aber hübsch aus! Wo hast du denn das Halsband her?«

»Pst!«, sagte Miki und legte den Finger auf den Mund. »Staatsgeheimnis!«

»Ach so!«, sagte Paps und besichtigte das Staatsgeheimnis näher. Als er zu schmunzeln anfing, wusste Miki, dass ihr Geheimnis keines mehr war.

»Eine Leine müssen wir doch haben, wenn wir mit ihm spazieren gehen. Das ist Vorschrift«, entschuldigte sich

Miki. »Du wirst das Mami sicher erklären können. Gehst du jetzt mit uns spazieren?«

»Klar, Miki. Aber zuerst müssen wir das Geschirr abwaschen!«

»Hab ich schon, Paps!«

»Was, so schnell? Das gibt's doch gar nicht!«

»Wir sind ein moderner Haushalt. Bitte, überzcuge dich!«, sagte Miki überlegen.

Paps wollte in die Küche gehen, aber Miki zog ihn ins Badezimmer. Als sie eintraten, hörte die Waschmaschine gerade auf zu schleudern und blieb mit einem quietschenden Bremston stehen.

»Aber Mikilein!« Paps schlug die Hände über dem Kopf zusammen. »Du wirst doch nicht! Du hast doch nicht?!«

»Doch!«, sagte Miki. »Ich habe! Aber keine Sorge, Miki macht alles mit Köpfchen!« Sie riss mit Schwung die Tür der Waschmaschine auf und zog vor Paps' erstaunten Augen den Topflappen, zwei Geschirrtücher, drei Handtücher, ein Leintuch und Paps' Schlafrock heraus.

»Ich habe alles sorgsam eingewickelt!«, sagte sie stolz. »Und weil die Sachen ohnehin gewaschen gehörten, ging's gleich in einem.« Sie packte die Teller, Tassen, Untertassen und Kochtöpfe aus ihren Umhüllungen und stellte sie auf das Tablett.

Paps kam aus dem Staunen nicht heraus.

»Staubtrocken!«, sagte Miki. Sie zog einige Gabeln heraus, die sich in Paps' Schlafrock verkeilt hatten. »Der war nicht mehr der neueste und in zwei Monaten hast du ja

Geburtstag!« Dann nestelte sie die letzten Tassen aus dem Leintuch. Bei dreien fehlte der Henkel, die vierte war mitten entzweigegangen. Die vier Teller hatten sich auch in acht verwandelt; davon aber waren zwei noch ganz.

»Bei dir ist gestern auch etwas kaputtgegangen, nicht wahr, Paps?«, sagte Miki unsicher. »Die Töpfe und Pfannen sind noch ganz! Überhaupt, wir brauchen schon längst ein neues Gedeck. Meinst du nicht auch, Paps?«

»Ich schon!«, seufzte Paps. »Aber wie willst du das Mami erklären?«

»Ich?«, sagte Miki. »Das machst doch du, nicht? Du kannst das so gut! Bitte, Paps!«

»Ich werde es versuchen«, sagte Paps bekümmert.

Miki trug schnell das Tablett in die Küche und räumte die Überreste in den Schrank. »Aber strahlend weiß ist es geworden, das musst du doch zugeben? Ganz ohne Grauschleier! Und die Idee war auch prima!«

»Hervorragend!«, sagte Paps. »Du wirst einmal eine perfekte Hausfrau!«

Im neunten Kapitel spielt Miki ihrem Paps einen Streich und bringt ihn in arge Verlegenheit

Miki spazierte mit Paps durch die Julistraße. Paps hatte seinen Zylinderhut daheim gelassen und Miki ihren Strohhut. Dafür führte sie Spinat an der Leine, der vergnügt hierhin und dahin sprang und an jedem Laternenpfahl schnupperte. Die Sonne schien warm, aber auf der Straße zeigten sich wenig Leute. Es war ja Mittagszeit. Selbst die Spatzen saßen schläfrig in den Kastanienbäumen und tschilpten nur ein bisschen.

»Aber wir sind gar nicht müde! Was, Paps?«, strahlte Miki und hopste im Wechselschritt hinter Spinat her.

»Neihhhn!«, sagte Paps und gähnte verstohlen.

»Was war denn das für ein spannender Kriminalbericht, den du daheim in der Zeitung gelesen hast?«, fiel Miki plötzlich ein.

»Ach, da stand etwas von einem gerissenen Warenhausdieb, der die Geschäfte unserer Stadt unsicher macht«, sagte Paps. »Das ist nichts für dich!«

»Aber interessant ist es trotzdem! Ein richtiger Warenhausdieb? So einen möchte ich einmal sehen. Woran kann man die denn erkennen?«

»Der in der Zeitung hat eine lange, spitze Nase.«

»Hat er auch lange Finger?«

»Davon stand nichts drin.«

»Aber ich habe einmal gelesen, dass alle Diebe lange Finger haben«, behauptete Miki hartnäckig.

»Wenn du das gelesen hast, dann muss es ja stimmen«, sagte Paps. Er gähnte wieder und dachte an seinen Lehnstuhl daheim im Wohnzimmer.

»Paps«, begann Miki wieder, »ich kann mir nicht vorstellen, dass du wirklich einmal an fremden Türen geklingelt hast und dann davongelaufen bist.«

Sie standen gerade vor der Apotheke »Zum goldenen Löwen« und Spinat hatte vor dem Schaufenster ganz aufregende Gerüche entdeckt, von denen er sich nicht trennen konnte.

»Wieso davongelaufen?«, sagte Paps. »Ich bin doch nicht davongelaufen. Ich habe immer gewartet, bis jemand gekommen ist.«

»Und dann?«, fragte Miki interessiert.

»Dann habe ich gefragt, ob hier ein Herr Maier wohnt.«

»Wenn aber wirklich ein Herr Maier dort gewohnt hat?«

»Dann habe ich gefragt, ob das der ist mit Doppel-Ypsilon.«

»Das möchte ich einmal sehen!«, sagte Miki begeistert, und ehe Paps irgendetwas sagen konnte, hatte Miki kräftig auf die Klingel der Apotheke gedrückt.

»Ich warte vorn an der Ecke!«, rief sie Paps zu und sauste mit Spinat davon.

Paps stand wie vom Blitz getroffen und schaute Miki fassungslos nach. Da öffnete sich schon das Fenster neben der Apothekentür.

»Haben Sie geläutet?«, sagte eine herrische Stimme. »Sie wissen doch, dass jetzt Mittagssperre ist und nur in ganz dringenden Fällen …«

Paps stand immer noch wie versteinert und brachte kein Wort heraus.

»Wenn es wirklich dringend ist«, brummte der Apotheker. »Ich komme!«

Gleich darauf öffnete sich die Tür. »Kommen Sie herein!«

Als Paps immer noch keine Anstalten machte, einzutreten, und auch keinen Ton von sich gab, trat der Apotheker auf die Straße und sah gerade noch Miki in einem Saus um die Ecke biegen. »Dieses Lausemädel!«, rief er erbost. »Und ich dachte, Sie hätten geläutet. Ja, ja, die heutige Jugend!«

In diesem Augenblick tauchte auch noch ein Polizist an der anderen Straßenecke auf.

Das war zu viel für Paps. Er murmelte etwas Unverständliches und sauste wie ein D-Zug hinter Miki her.

»Hallo! Was gibt's da?«, rief der Polizist und begann auch zu laufen.

»Da hat so ein Lausemädel bei meinem Laden geklingelt und der Herr läuft freundlicherweise nach und will sie verprügeln!«

»Aha!«, sagte der Polizist. »Das werden wir gleich haben!« Und er sauste hinter Paps her, während der Apotheker brummend in seinen Laden ging.

»Renn!«, rief Paps, als er atemlos an die Ecke kam. »Die Polizei ist hinter uns her! Treffpunkt Stadtpark!«

Miki sah Paps erschrocken an, dann rannte sie mit Spinat los. Paps taumelte noch um die Ecke, verschnaufte einen Augenblick und sauste weiter.

»He, warten Sie!«, rief ihm der Polizist nach. »Machen Sie sich nicht so viel Mühe. Ich erwische die Göre schon!«

»Denkste!«, murmelte Paps und sauste weiter.

Als Miki in einer Seitenstraße verschwunden war, blieb Paps stehen und ließ den Polizisten herankommen. »Meine Beine!«, stöhnte er. »Man wird eben alt!«

»Wo ist sie denn jetzt hin?«, schnaufte der Polizist atemlos.

»Ja, wo ist sie jetzt hin?«, sagte Paps. »Ich glaube, sie ist hier hinüber! Aber wollen Sie sich nicht ein wenig ausruhen?«

»Nein, ich bin im Dienst!«, keuchte der Polizist. »Danke!« Er rannte in die Richtung, die ihm Paps gezeigt hatte.

Paps wartete, bis der Wachtmeister außer Sicht war,

dann schlenderte er gemütlich in die andere Richtung –
zum Stadtpark. Gleich hinter dem Eingang saß Miki auf
einer Bank und baumelte mit den Beinen. Spinat lag zu
ihren Füßen. Beide ließen den Kopf hängen und sahen
sehr traurig aus.

»Paps!«, rief Miki, als sie ihn auftauchen sah. »Was ist?«

»Keine Sorge!«, beruhigte sie Paps. »Ich habe den Polizisten auf die falsche Fährte gebracht. Der kann lange
suchen!«

Miki senkte den Kopf. »Bist du mir sehr böse?«, fragte
sie zerknirscht.

Paps runzelte die Stirn. »Erst schon«, sagte er, »aber jetzt
nicht mehr. Wegen dem bisschen Läuten!«

»Wirst du es Mami erzählen?«

»Vielleicht später einmal. Aber jetzt wollen wir die Sache vergessen und spazieren gehen. Schau, wie schön
die Rosen blühen und wie herrlich grün das Gras
wächst. Heute soll doch ein schöner Tag für uns werden!«

»Das ist wahr«, sagte Miki froh und hängte sich bei Paps ein.

»Wuff!«, sagte Spinat, sprang auf und wedelte vergnügt mit dem grünen Zottelschwänzchen.

Plötzlich entdeckte Miki etwas. »Du, Paps«, flüsterte sie, »ist das derselbe, der uns verfolgt hat?« Sie zeigte zum Gartentor. Da keuchte ein Polizist herein. Paps erkannte ihn sofort. Es war derselbe!

»Jetzt wird's ernst!«, sagte Paps. »Jetzt müssen wir zwei wohl Farbe bekennen und dem Herrn Wachtmeister alles sagen!«

»Paps!«, sagte Miki weinerlich. »Bitte, Paps, fällt dir denn gar nichts mehr ein?« Sie blickte Paps so flehend an, dass sein Herz weich wurde.

»Ich will's versuchen«, sagte er. »Aber halte dich ja still!« Er packte Miki um die Mitte und hob sie in eine der großen steinernen Vasen, die als Verzierung auf der niederen Gartenmauer standen. Miki hatte gerade Platz darin. Nur ihr Schopf ragte ein wenig heraus, aber der sah wie ein dürres Grasbüschel aus.

Eben kam der Wachtmeister daher. »Sie sind auch da?«, sagte er und sah Paps misstrauisch an. »Mir war doch, als hätte ich hier das Mädchen mit dem Hund gesehen.«

»So?«, sagte Paps überrascht. »Ich habe hier kein fremdes Mädchen gesehen!«

Der Polizist blickte sich forschend um. Blitzartig fiel Paps Spinat ein. Jetzt habe ich doch den Hund vergessen!, dachte er. Wenn der uns verrät! Er blickte sich unauffällig nach Spinat um, konnte aber keine Spur von ihm entdecken. Plötzlich sah er ein Stück der roten Leine im Gras liegen und tatsächlich – dort, wo sie in den Halmen verschwand, blinzelten zwei schwarze Äuglein. Sonst war rein gar nichts von ihm zu sehen. Seine Farbe machte Spinat im Gras unsichtbar.

Aber dem Polizisten war auch etwas aufgefallen. »Was liegt denn da in der Wiese?«, fragte er und bückte sich.

»Vorsicht!«, rief Paps. »Vielleicht ist es eine Schlange!«

»Was, Schlange? Hier gibt es doch keine …«

In diesem Augenblick bewegte sich das rote dünne Etwas und schlängelte sich zwischen den Gräsern davon. Der Polizist prallte zurück. »Da muss ich doch sofort den Parkwächter verständigen!«, sagte er erschrocken. »Es scheint etwas Exotisches zu sein!«

Im selben Augenblick ertönte aus der Vase hinter Paps leises Kichern. Verflixt!, dachte Paps erschrocken. Diese Miki!

Auch der Polizist hatte das Kichern gehört. »Wer hat denn da gelacht?«, fragte er streng und blickte sich um. Aber es war niemand da außer Paps.

»Sie werden doch nicht glauben, dass ich …«, sagte Paps.

»Das nicht! Aber es kam aus Ihrer Richtung!«

Paps wagte einen verstohlenen Blick zur Vase. Gut, dass Mikis Schopf wie vertrockneter Schnittlauch aussieht, dachte er. Dann zeigte er auf die Tauben, die ein paar Schritte von ihnen entfernt auf dem Boden umherliefen und Brotkrumen und Steinchen aufpickten.

»Kennen Sie diese Tauben, Herr Inspektor?«, fragte er höflich.

»Nein, warum?«

»Das sind nämlich Lachtauben!«

»Möglich«, sagte der Polizist. »Und?«

»Vielleicht haben die gekichert«, sagte Paps ernst.

Der Polizist sah Paps scharf an. Dann murmelte er: »Ja, ja, gewiss.« Er nahm seine Kappe ab und wischte sich den Schweiß von der Stirn. Dann setzte er die Kappe mit einem Ruck wieder auf. »Ich muss weiter!«, sagte er, warf noch einen langen Blick auf Paps und ging mit großen Schritten davon.

»Das hätten wir geschafft!«, sagte Paps erleichtert, als der Polizist außer Sicht war. Er zog Miki aus der Vase und stellte sie auf den Boden. Sie hatte Tränen in den Augen und stöhnte: »Wenn das noch länger gedauert hätte, wäre ich gewiss erstickt vor Lachen!« Dann fiel sie Paps um den Hals – hier mitten im Park – und sagte: »Du bist doch der liebste, goldigste Paps auf der ganzen Welt!«

»Schon gut«, wehrte Paps ab. Er klopfte ihr den Staub vom Kleid. »Wo ist denn Spinat?«

»Schau einmal zu den Rosen hinüber!«, sagte Miki. »Siehst du den grünen Fleck dort?« Sie steckte zwei Finger in den Mund und stieß einen Pfiff aus. Sofort kam Leben in den grünen Fleck, Spinat kam über den Rasen dahergesaust und zog die rote Leine hinter sich her.

»Du hast es auch gut gemacht!«, lobte Miki. »Und jetzt weißt du, was für ein Halsband du hast: ein exotisches!«

Paps nahm sie energisch an der Hand und sagte: »Jetzt wird's aber Zeit, dass wir zu unserem Spaziergang kommen!«

»Ach Paps!«, seufzte Miki. »Eigentlich bin ich schon ganz müde von unserem Abenteuer.«

»Willst du schon nach Hause?«, fragte Paps verwundert.

»Das nicht. Aber mir ist etwas eingefallen«, sagte Miki. »Wir könnten doch ein wenig feiern!«

»Was denn feiern?«, fragte Paps erstaunt.

»Na, die fünfhundert Euro!«, sagte Miki.

»Aber die haben wir doch noch gar nicht!«

»Macht nichts. Wir feiern eben auf Vorschuss!«

»Und was hast du dir vorgestellt?«, fragte Paps vorsichtig.

»Kannst du's erraten?«, fragte Miki und lächelte Paps an.

Paps dachte einen Augenblick nach. »Vielleicht«, sagte er und flüsterte Miki etwas ins Ohr.

»Genau!«, sagte Miki. Dann zogen die drei los.

Im zehnten Kapitel rettet Paps Miki vor zwei jungen Schokoladegangstern und dann wird es ziemlich eisig

Die Tische im Eissalon waren alle besetzt. Das war kein Wunder bei diesem Wetter und bei den vielen Leuten, die heute zum Fest gekommen waren.

Neben einer dicken Dame im gelben Minirock und einer dünnen, die ein bodenlanges lila Kleid trug, waren noch zwei Plätze frei. Die beiden Damen schienen miteinander befreundet zu sein. Sie plauderten laut und angeregt und jede hatte ihr Söhnchen auf dem Schoß sitzen, das sie mit Kuchen, Eis und Schlagsahne fütterte.

»Gestatten Sie?«, fragte Paps höflich.

Die beiden Damen blickten erstaunt auf.

Die Dicke sagte: »Na ja.« Und die Dünne sagte mit einem Seitenblick auf Miki: »Wenn Ihre Kleine nicht zu laut ist. Mein Junge ist nämlich sehr empfindlich.«

»Danke!«, sagte Paps trocken, nahm mit Miki Platz und wollte die Eiskarte vom Tisch nehmen. Im selben Augenblick hatte aber schon der dicke Junge, der auf dem Schoß der dünnen Dame saß, die Karte gepackt und ließ sie nicht los. Paps zog ein wenig fester, da brach der Junge in ein höllisches Gebrüll aus.

»Sehen Sie denn nicht, dass er sie gerade selbst braucht?«, sagte die dünne Dame ziemlich energisch zu Paps; der war vor Erstaunen so sprachlos, dass Miki für ihn einsprang.

»Kann denn der Süße schon lesen?«, fragte sie teilnahmsvoll.

Die dünne Dame war wieder versöhnt. »Er geht schon in die Abc-Schule!«, sagte sie stolz.

»Für Säuglinge?«, fragte Miki immer noch teilnahmsvoll.

Nun blitzte die Dame sie aber an: »Für zukünftige Vorschulkinder!«

Paps wandte sich ab, hustete ins Taschentuch und winkte schnell der Bedienung. »Bitte, ein kleines Eis mit

Schlagsahne für mich. Und für das Fräulein …« Er sah Miki fragend an und sie sagte ohne Zögern: »Einen Superbecher in Maxigröße mit Rieseneiskraft um hundert Euro, bitte!«

Paps hob die Augenbrauen, aber Miki flüsterte: »Paps, denk doch – wir haben ja noch vierhundert!«

»Bitte sehr!«, hauchte die Eisdame und rauschte davon.

Die beiden Sprösslinge hatten ihre Portion Eis verschluckt, und weil es ihnen nun zu langweilig geworden war, hatten sie sich selbständig gemacht. Mit Schokoladebrezeln ausgerüstet rannten sie zwischen den Tischen im Eissalon umher und benützten ihre angebissenen Brezeln als Colt. »Peng, peng!« Kaltblütig räumten sie unter den Eis und Kuchen essenden Damen und Herren des Salons auf. Erst als die Bedienung wie ein feindlicher Panzer anrollte, zogen sie sich hinter die schützenden Linien ihrer Mütter zurück.

Nun kam das kleine Eis für Paps und der Superbecher in Maxigröße für Miki.

»Meine Hochachtung!«, sagte Paps, als er Miki hinter der Portion verschwinden sah. »Wenn du das schaffst?!«

»Schaffe ich!«, sagte Miki bestimmt und betrachtete aufmerksam den Löffel, den die Eisdame neben ihren Riesenbecher gelegt hatte und der so groß wie ein mittlerer Schöpflöffel war.

»Die Bedienung ist prima«, sagte sie. Dann hörte Paps nichts mehr, bis nach einer Weile Mikis Nasenspitze hinterm Eisberg auftauchte.

»Wie geht's?«, fragte er teilnahmsvoll.

»Wie einem Eisbär in der Arktis!«, sagte Miki mit rauer Stimme und löffelte weiter.

Die beiden kleinen Jungen waren so überwältigt von dem Eisberg, dass sie ganz still zusahen, wie er allmählich kleiner wurde. Aber dann wurde ihnen das zu langweilig. Sie umschlichen Miki und versuchten mit ihren Schokoladebrezelcolts Löcher in den Eisberg zu schießen. Miki ließ sich anfangs nicht stören, aber als die beiden es immer wilder trieben, wurde ihr die Sache zu bunt. Sie zwinkerte zu Paps hinüber, der die Lage gleich erfasste und zurückzwinkerte. Unauffällig griff er in die linke Rocktasche und fasste seine Pfeife am Kopf. Dann zog er sie ruckartig heraus und schoss den überraschten Schokoladegangstern mit dem Pfeifenstiel links und rechts um die Ohren, dass sie Mund und Nase aufrissen und schleunigst den Rückzug antraten.

»Soll ich dir helfen?«, fragte Paps, als er bemerkte, wie Miki immer langsamer wurde.

»Nein!«, sagte Miki gedehnt, mit einer Stimme wie ein Seemann, der aus dem Polarmeer kommt, und blickte Paps mit glasigen Augen an. »Ich – schaffe – es – schon …«

Paps wurde es ein wenig ungemütlich. »Zahlen, bitte!«, rief er. Und während er sein kleines Eis mit Schlagsahne und den Superbecher in Maxigröße mit Rieseneiskraft bezahlte, machte es plötzlich – klirr! und dann – klong, klong!

Das Klirr kam davon, dass Miki der Eislöffel von der Größe eines mittleren Schöpflöffels aus der Hand gefallen war, und das Klong kam daher, dass Miki selbst vom Stuhl gekippt war und auf dem Boden lag. »Ihhh!«, schrie das Eisfräulein. »Ahhh!«, sagten die beiden Damen interessiert. Paps war einen Augenblick erstarrt. Dann sprang er hin und hob Miki vom Boden auf. Aber was war das? Sie bewegte sich nicht und ließ sich auch nicht bewegen. Stocksteif war sie und ihre Augen blickten eiskalt in die Weite. Miki war steinhart gefroren!

»Ist der Kleinen schlecht geworden?«, fragte das Eisfräulein und wollte Miki an der Hand nehmen. Aber als sie sie berührt hatte, schrie sie: »Die ist ja schon kalt!«, und sank ohnmächtig hintenüber. Paps konnte sie gerade noch auffangen und lehnte sie an den Ladentisch.

Jetzt kreischten auch die Maxi- und die Minidame auf und an den anderen Tischen reckten die Leute die Hälse.

Nichts wie weg!, dachte Paps. Er fasste Miki um die Mitte, legte sie über die Schulter und stürmte mit ihr zur Tür des Eissalons hinaus.

Wie komm ich am schnellsten heim? Und ohne Aufsehen?, dachte Paps, als er über die Straße rannte. Einige Fußgänger hatten sich schon umgedreht und blickten ihm kopfschüttelnd nach.

Da war eine Abkürzung! Paps bog in das Gässchen ein und – hoppla! – stieß mit einem Polizisten zusammen. Das heißt, Mikis Füße, die steif nach vorn wegstanden, fuhren dem Ordnungshüter ins Gesicht, weil Paps nicht so schnell abbremsen konnte.

»Ja, zum Donnerwetter, können Sie nicht aufpassen?«, schimpfte der Polizist.

Paps murmelte eine Entschuldigung, drückte sich an ihm vorbei und wollte gleich wieder weiter.

Als der Polizist sah, was ihm da ins Gesicht gefahren war, riss er die Augen auf und rief: »He, Sie, stehen bleiben!«

Paps blieb stehen. Der Polizist kam vorsichtig näher, ging um ihn herum und besah das, was Paps auf der Schulter trug, von allen Seiten. »Wo haben Sie denn die

Puppe her?«, fragte er scharf. »Haben Sie die vielleicht
irgendwo – wssss! – mitgehen lassen?« Er machte eine
diebische Handbewegung.

Paps blickte den Polizisten verzweifelt an und der
Schweiß trat ihm auf die Stirn. Wie sollte er dem Hüter
der Ordnung erklären, was geschehen war? Er würde
ihm doch kein Wort glauben und sie beide mit auf die
Wache nehmen.

»Na?«, fragte der Polizist und blickte Paps streng an.
Aber dann ging plötzlich ein Lächeln in seinem Gesicht

auf. »Wir kennen uns ja!«, sagte er überrascht. »Sind Sie nicht der Stangenakrobat Feuerstein?«

Das ist die Rettung!, dachte Paps. »Feuerfressor!«, sagte er. »Bitte sehr, Professor Feuerfressor! Ja natürlich, jetzt erinnere ich mich auch. Waren Sie schon in der Vorstellung?«

»Leider noch nicht«, sagte der Polizist freundlich. »Aber sagen Sie mir doch, lieber Herr Feuerfresser, was ist das für eine Puppe, die Sie da mit sich herumtragen?« Er stupste mit dem Zeigefinger an Miki.

»Die brauche ich für meinen Zirkus«, sagte Paps. »Das ist meine Glanznummer.«

»Sonderbar«, sagte der Polizist. »Wenn ich sie nicht selbst angegriffen hätte, hätte ich wetten mögen, dass das ein echter Mensch ist und kein künstlicher. Aber ich will Sie nicht länger aufhalten, Herr Feuerspringer.«

Das ließ sich Paps nicht zweimal sagen. »Bis zur nächsten Vorstellung!«, rief er erleichtert und sauste mit Miki davon, während ihm das Auge des Gesetzes kopfschüttelnd nachblickte.

Im elften Kapitel wird alles wieder gut
und Paps geht mit Miki auf Camping und Safari

Daheim angekommen lehnte Paps Miki an den Küchentisch, ließ sich in einen Sessel fallen und wischte sich den Schweiß von der Stirn. »Mikilein, du machst mir Sorgen!«, seufzte er. Er befühlte Miki, ob sie nicht von der Sonne ein wenig aufgetaut war, aber sie war noch steinhart.

Paps zermarterte sich das Gehirn. Sollte er sie in einen Kessel mit heißem Wasser stecken? Das wäre wohl zu gefährlich! Sollte er es innerlich versuchen mit Gin? Auch nicht das Richtige! Das Beste wäre sicher, sie langsam wieder aufzutauen. Wie war das nur bei Münchhausen mit dem eingefrorenen Posthörnchen? Das wäre es! Aber wo sollte er Miki auftauen? Auf der Kochplatte? Unmöglich! Feuer musste her, richtiges Feuer! Und zwar rasch. Ein Königreich hätte Paps für einen offenen Kamin gegeben. Aber dann hatte Paps auch schon eine Idee.

Er lehnte Miki an den Küchenschrank, rückte den Tisch an den Herd – so dicht wie möglich unter den Dunstabzug –, lief in den Keller und kam gleich darauf mit einigen kurzen Brettern, einer Axt und einem alten Gartenstuhl zurück.

»Gleich ist es so weit!«, flüsterte Paps Miki ins Ohr, die noch immer am Küchenkasten lehnte. Schnell spaltete er die Bretter, knüllte einige Zeitungen zusammen, nahm das Feuerzeug aus der Hosentasche – und schon prasselte ein prächtiges Feuerchen auf dem Tisch. Paps sah einen Augenblick voller Zufriedenheit zu, wie der Rauch durch die Dunstabzugshaube verschwand. Dann nahm er Miki und stellte sie vorsichtig an den Tisch, holte sich einen Stuhl und setzte sich zu ihr. Er musste sie ja festhalten, damit sie nicht umfiel, und sie außerdem langsam drehen, damit sie nicht auf einer Seite anbrannte.

Gut, dass der Küchentisch eine feuerfeste Platte hat!, dachte Paps. Das kann länger dauern!

Nach einer Viertelstunde begann Miki plötzlich mit dem linken Ohr zu wackeln und gleich darauf blinzelte sie mit dem linken Auge. Nur nicht lockerlassen!, dachte Paps. Weil die Bretter schon fast verbrannt waren, zerhackte er noch schnell den alten Gartenstuhl und legte die Beine und die Lehne in die Glut.

Das Feuer flammte auf und nach weiteren zehn Minuten riss Miki plötzlich den Mund auf und sagte: »Ha-, ha-, ha-tschiii!« Dann breitete sie ihre Arme aus, fiel Paps um den Hals und rief: »Paps, das Eis war prima!«

»Miki!«, sagte Paps überrascht. »Wie geht es dir, wie fühlst du dich?«

»Ausgezeichnet«, sagte Miki lachend. »Aber was hast du denn da für ein prächtiges Lagerfeuer? Ganz echt! Haben wir keinen Bärenschinken?«

»Leider nein«, sagte Paps.

Miki rannte zum Kühlschrank und fischte eine Dose heraus. »Was hast du vor?«, fragte Paps verwundert.

»Hier steht es«, sagte Miki. »*Bratheringe*! Los, Paps!« Sie reichte ihm den Dosenöffner, lief ins Wohnzimmer und kam mit zwei langen Stricknadeln aus Mutters Nähkorb zurück.

»Von wem du diese Ideen hast?«, wunderte sich Paps und half Miki die Heringe auf die Nadeln zu spießen.

»Jetzt setzen wir uns ans Feuer, braten Fische, und Spinat wird uns vor Räubern und Löwen beschützen!«, sagte Miki genießerisch.

»Spinat?!«, rief Paps erschrocken und ließ den Spieß mit den Fischen fallen. »Den habe ich glatt vergessen!«

»Was?!«, schrie Miki. »Wo ist er?«

»In der Eisdiele!«, stöhnte Paps. »Dort haben wir ihn doch neben dem Eingang angehängt!«

»Da muss ich sofort hin!«, rief Miki und rannte hinaus.

»Miki, warte doch! Es wird ja schon dunkel!« Mit einem Satz war Paps hinter ihr her und riss die Haustür auf. Da stand sie im Garten, hatte Spinat auf dem Arm und drückte ihn fest an sich.

»Spinat, lieber Spinat!«, sagte Miki. »Wie hast du denn nur allein hergefunden?«

»Wuff!«, sagte Spinat sehr fröhlich.

Miki nahm Spinat die Leine ab. »Komm, jetzt gibt's was Gutes!«, sagte sie.

Bald saßen Miki und Paps wieder am Feuer, brieten Fische auf ihren Stricknadelspießen und Spinat lag auf Mikis Füßen und knurrte wohlig, denn Miki warf ihm alle Augenblicke ein Stück gebratenen Fisch hinunter. Das Feuer knisterte und warf springende Schatten in die dämmerige Küche.

»Wie im Urwald!«, sagte Miki. »Ich komme mir vor wie auf einer echten Safari. Du, Paps, erzähl mir noch etwas von der Wüste. Bitte!«

»Aber nicht zu lange, es ist ja schon dunkel!«, meinte Paps lächelnd und erzählte.

Miki schaute verträumt in die Glut, und als Paps aufhörte, sagte sie: »Darf ich schnell etwas holen?«

»Aber Miki, du musst jetzt ins Bett!«

»Bitte!«, bettelte Miki, »und ich geh dann bestimmt gleich!«

Paps kehrte die verkohlten Holzstücke und die Asche in den Abfalleimer, da keuchte Miki schon zur Tür herein. Auf dem Kopf trug sie Paps' alten Tropenhelm, um die Mitte hatte sie einen Gürtel mit einer Feldflasche gebunden und über dem Rücken schleppte sie eine Hängematte und das Moskitonetz.

»Lieber Himmel, wo hast du denn das ausgegraben?«

»Aus der großen Kiste auf dem Dachboden«, verkündete Miki stolz.

»Und was hast du vor?«, fragte Paps. Er war auf alles gefasst. »Soll ich jetzt vielleicht mit dir und Spinat direkt nach Afrika reisen?«

»Aber Paps!«, sagte Miki vorwurfsvoll. »Wo es doch bei uns so gemütlich ist! Können wir uns nicht hier ein bisschen wie Afrika einrichten?«

»Verstehe«, sagte Paps erleichtert. »Und wie stellst du dir das vor?«

»So!«, sagte Miki und erklärte Paps ausführlich ihren Plan.

Paps wiegte bedächtig den Kopf. Aber schließlich war er einverstanden. Immerhin besser als heute noch nach Afrika!, dachte er.

Dann half er Miki bei den Vorbereitungen. Sie gingen ins Schlafzimmer, Paps nahm das Bild über dem Doppelbett ab und Miki prüfte den Haken. »Der reicht für mich!«, sagte sie. Dann banden sie die Hängematte mit einem Ende an diesem Haken fest und mit dem anderen Ende am obersten Griff der Balkontür. So hing die Matte genau über dem Bett.

»Gehst du auch gleich schlafen?«, fragte Miki besorgt. »Es ist nur wegen der Löwen!«

»Natürlich«, sagte Paps, »ich lasse dich doch nicht allein in der Wüste übernachten!«

Miki wusch sich am Fluss (im Badezimmer). Sie sah noch nach dem Lagerfeuer (im Abfalleimer) und verschloss den Zelteingang (die Haustür) von innen. Sie schlüpfte in ihr Nachthemd, band den Tropenhelm um, kletterte in die Hängematte und deckte sich mit der

Steppdecke und dem Moskitonetz zu. Spinat, der sie auf ihrem Rundgang begleitet hatte, durfte sich auf den Bettvorleger aus Tigerfell (Nylonplüsch) legen und hatte die ehrenvolle Aufgabe, Miki im Schlaf vor Löwen, Schlangen und Wüstenräubern zu beschützen. Gleich darauf kam Paps und legte sich mit der Zeitung ins Bett.

»Paps!«, sagte Miki nach einer Weile. »Kannst du nicht die Kerze löschen? Die Moskitos werden uns bald auffressen!«

»Gleich, Miki«, sagte Paps, »ich muss nur die Wüstenkarte studieren, damit wir morgen den Weg zu der Oase finden!« Er streckte den linken Fuß aus der Decke, hängte die große Zehe in die Maschen der Hängematte und schaukelte Miki sanft.

Miki betrachtete schläfrig die Fliege, die über die Decke

krabbelte, und ehe ihr die Augen zufielen, dachte sie: Das wäre doch eine Sache, wenn man das auch könnte. Müsste ich einmal ausprobieren, vielleicht mit Rollschuhen? Aber man müsste etwas Magnetisches haben. Wenn ich aus Afrika heimkomme, werde ich, werde ich …

Paps hörte Miki leise schnarchen, schaukelte sie noch eine kleine Weile, betrachtete Spinat, der den Kopf auf die Pfoten gelegt hatte und ebenfalls schlief, und löschte das Licht.

Miki träumte. Sie träumte von Löwen, die ums Zelt schlichen, von Wüstenräubern, die sie mit ihren Säbeln durchbohren wollten, und von giftigen Skorpionen und Vogelspinnen. Miki wand und drehte sich im Traum. Sie kämpfte und rannte um ihr Leben, und gerade als sie ein mächtiger Tiger anspringen wollte, machte der Bilderhaken nicht mehr mit und riss aus.

Miki fühlte sich von den Pranken des Tigers weggeschleudert. »Paaaaps! Der Tiger!«, schrie sie und sauste mit der Hängematte auf Paps' Bett.

Paps war bei dem Schrei erschrocken aufgefahren. Als ihm nun im Dunkeln die Hängematte auf den Kopf fiel, geriet er völlig aus der Fassung und schlug wild um sich. Erst als er Mikis »Au, Paps!« vernahm, fand er sich halbwegs zurecht und wollte schnell das Licht anknipsen. Er hatte sich aber schon so in die Hängematte und das Moskitonetz verwickelt, dass es ihm nur mit großer Mühe gelang, eine Hand durch die Maschen zu zwängen und den Lichtknopf der Nachtlampe zu erreichen.

Das war ein trauriges Bild. Miki und Paps saßen in Netz und Hängematte eingewickelt auf dem Bett. Miki hatte den Tropenhelm schief auf einem Ohr und sagte weinerlich:

»Entschuldige, Paps, aber ich …«

»Mach dir keine Sorgen, ich weiß schon«, sagte Paps, »der Tiger!« Er versuchte vergeblich, sich aus dem Knäuel zu befreien. »Da muss eine Schere her!«, meinte er. »Vielleicht kann uns dabei der Hund helfen?«

Spinat hatte bei dem Getöse immer noch fest geschlafen.

»Spinat!«, rief Miki vorwurfsvoll. »Spinat!«

»Wuff!«, bellte Spinat und fuhr erschrocken auf.

»Beruhige dich«, sagte Miki sanft, »der Tiger ist ja schon weg! Aber wir brauchen eine Schere. Dort in der Lade ist sie, bring schön!«

Spinat blickte Miki treuherzig an, schnappte Mikis Pantoffel und legte ihn aufs Bett.

»Die Schere!«, sagte Miki. »Dort in der Lade!«

Spinat legte den Kopf schief und sagte: »Wuff!«

»Es nützt nichts!«, seufzte Paps. »Ich muss selbst hin! Leider musst du auch mit. Versuchen wir es!«

Sie rollten sich aus dem Bett und ließen sich auf den weichen Bettvorleger fallen. Das Aufstehen ging gar nicht so schwer. Aber beim ersten Schritt lagen beide auf der Nase.

»So geht das nicht!«, sagte Paps. »Wir müssen im Gleichschritt gehen, pass auf! Eins, zwei – eins, zwei!« Das ging prächtig. Sie kamen glücklich zur Lade, Paps angelte die Schere heraus und bald waren die beiden aus ihrem Gefängnis befreit.

»Wenn ich dich nicht hätte!«, sagte Miki und gab Paps einen Kuss auf die Nasenspitze. Dann legte sie Spinat wieder auf das Tigerfell, kuschelte sich in Mamis Bett und sagte gähnend: »War ja ganz schön in Afrika, aber morgen fahren wir wieder heim, was, Paps?«

»Ja, ja, morgen mit dem ersten Bus!«, sagte Paps, legte sich in sein Bett und knipste das Licht aus.

Im zwölften Kapitel geben Miki und Paps eine
Zirkusvorstellung im Hauptpostamt
und Miki schmuggelt Spinat ins Warenhaus

Als Miki am nächsten Morgen erwachte, blinzelte die Sonne durch die Gardinen. Miki schloss die Augen noch einmal und machte sie wieder auf. Aber sie war immer noch im Schlafzimmer der Eltern und sie konnte sich im Augenblick nicht besinnen, warum. Dann sah sie die Überreste der Hängematte auf dem Boden und Spinat, der auf dem Bettvorleger schlief und den Tropenhelm bewachte. Da fiel ihr ein, dass sie ja in Afrika waren.

»Sind wir jetzt noch dort oder sind wir schon zurück?«, überlegte Miki. Sssss! Das war eine Fliege, die sich auf ihre Nasenspitze setzte.

»Richtig, du sollst mich an etwas erinnern! An was nur? An – an – an? Ich hab's!« Schon begann Miki einen neuen Plan zu schmieden. Ein Punkt war allerdings noch unklar, aber den würde sie schon noch lösen. Jetzt wusste sie auch, ob sie sich für Afrika entscheiden sollte oder für daheim. Sie entschied sich für daheim!

»Heiho, Safari!«, rief sie und sprang aus dem Bett.

»Wuff!«, bellte Spinat und sprang auf die Beine.

»Was gibt's denn schon wieder?«, brummte Paps und riss die Augen auf.

»Willkommen in der Heimat, Paps!«, rief Miki, setzte Spinat den Tropenhelm auf und schlug einen Purzelbaum auf dem Teppich.

»Willkommen daheim«, murmelte Paps, streckte sich und rieb sich die Augen. »Wie ist denn das Wetter heute?«

»Herrlich!«, rief Miki und zog die Gardinen zur Seite. »Paps, das wird heute ein herrlicher Tag werden!«

»Schon wieder?«, fragte Paps und seine Stimme klang ein wenig besorgt.

Als Paps und Miki zum Frühstück ihren gebratenen Speck mit Spiegelei gegessen hatten, läutete der Briefträger. »Hurra, die Geldanweisung!«, schrie Miki. Aber er brachte nur die Zeitung. »Haben Sie denn kein Geld für uns?«, fragte Miki enttäuscht.

»Nein, mein Fräulein, hast du denn in der Lotterie gewonnen?«

»Das nicht«, sagte Paps, »aber wir erwarten wirklich Geld.«

»Vielleicht hat es sich verzögert«, meinte der Briefträger. »Vielleicht war die Adresse ungenau angegeben. Aber haben Sie nur Geduld, die Post macht das schon! Auf Wiedersehen!« Bums! fiel die Tür wieder zu, denn ein Briefträger hat keine Zeit, lange zu plaudern.

»Miki«, sagte Paps, »das ist eine schöne Bescherung! Der Tierschutzvereinsdirektor und die anderen wissen doch gar nicht, wo wir wohnen und wie wir richtig heißen! Die glauben, wir sind vom Zirkus!«

Miki stiegen Tränen in die Augen. »Paps, was machen wir denn da?«, jammerte sie.

»Augenblick mal!«, sagte Paps. Er riss die Haustür auf und sauste dem Briefträger nach. Gut, dass dieser heute nicht mit dem Fahrrad unterwegs war. An der Straßenecke holte ihn Paps ein. »Entschuldigen Sie«, keuchte er, »können Sie mir sagen, was mit dem Geld geschieht, wenn die Adresse nicht ganz richtig ist?«

Der Briefträger blickte Paps erstaunt an und sagte amtlich: »Es bleibt auf dem Hauptamt, bis die Post den Empfänger kennt. Kennt sie ihn nicht, schickt sie das Geld zurück!«

»Danke!«, hauchte Paps. »Vielen Dank!«

»Was ist?«, rief ihm Miki entgegen.

»Zieh dich an, wir müssen sofort weg!«, sagte Paps atemlos. Miki gehorchte, ohne eine einzige Frage zu stellen. Sie band Spinat an die rote Leine und die drei zogen ab.

Sie gingen zwei Straßen, fuhren fünf Stationen mit dem Bus und stiegen aus.

»Wohin gehen wir denn?«, fragte Miki endlich.

»Zum Hauptpostamt!«, sagte Paps.

»Wegen der fünfhundert Euro?«

»Genau. Und merk dir, wir sind vom Zirkus!«

Die drei traten durch die große Glastür des Hauptpostamtes und Paps steuerte gleich zum Schalter, auf dem »Einzahlungen – Auszahlungen« stand.

»Verzeihung«, sagte er zu dem Fräulein am Schalter, »liegen hier vielleicht fünfhundert Euro für einen Herrn Feuerfressor?«

Das Fräulein blickte Paps streng an und sagte: »Und?«

»Ich bin Professor Feuerfressor!«, sagte Paps.

»Ihren Ausweis, bitte!«

»Ausweis?«, fragte Paps erstaunt. »Den, ja, den habe ich nicht mit!«

»Tut mir leid«, sagte das Fräulein und schloss den Schalter.

»Hallo! Sie!«, rief Paps. »Hören Sie doch! Ich habe einen Zeugen mit!«

»Moment!«, sagte das Schalterfräulein. Sie ging durch eine Milchglastür und kam gleich darauf mit dem Abteilungsleiter zurück.

»Sie wollen also der Feuerfresser vom Zirkus sein?«, fragte der Abteilungsleiter und blickte Paps von oben bis unten an. »Und wie wollen Sie das beweisen ohne Ausweis?«

»Fragen Sie meine Tochter«, sagte Paps.

Und Miki sprudelte gleich hervor: »Das ist Professor Ricardo Feuerfressor vom Zirkus Papamiki Bellissimo, bitte sehr!«

Der Abteilungsleiter wiegte den Kopf. »Moment!«, sagte er und verschwand mit dem Schalterfräulein hinter einer anderen Milchglastür.

Im nächsten Augenblick kamen sie mit dem Amtsdirektor wieder.

»Jetzt wird's ernst!«, sagte Paps.

»Wo ist denn dieser Eisenfresser?«, sagte der Direktor ungeduldig und blickte über seine goldenen Brillenränder.

»Hier!«, sagte Paps bescheiden. »Mein Name ist Feuerfressor, wenn ich bitten darf. Und das ist meine Tochter Miki.«

»Und das ist mein Hund«, sagte Miki.

Spinat sagte gar nichts, er knurrte nur ein wenig und blickte den Amtsdirektor misstrauisch an.

»Und die behaupten, sie sind vom Zirkus Bellissimo, von dem wir die Adresse nicht gefunden haben«, sagten das Schalterfräulein und der Abteilungsleiter.

»Ihr Ausweis?«, sagte der Postdirektor.

»Bitte sehr!«, sagte Paps. Er zog sein Feuerzeug aus der Tasche, schlug an, biss die Flamme ab und spuckte sie dem Amtsdirektor ins Gesicht, der erschrocken zurückwich. Dann machte Paps einen Handstand und schlug ein Rad. Er sprang auf den Schaltertisch, hob Miki und Spinat hinauf und ging auf den Händen über die Tische. Miki schlug einen Purzelbaum, Spinat setzte sich auf die Hinterpfoten und drehte sich im Kreis wie ein Tanzbär.

Die Leute im Postamt riefen: »Bravo, bravo, bellissimo!«

»Genug!«, rief der Direktor. »Auszahlen! Und das nächste Mal stören Sie mich nicht, wenn Sie genau sehen, dass jemand vom Zirkus ist!« Das Letzte sagte er zum Abteilungsleiter und dann verschwand er wieder hinter seiner doppelten Milchglastür.

»Ja, stören Sie mich nicht!«, sagte nun auch der Abteilungsleiter zum Schalterfräulein und verschwand ebenfalls.

»Bitte sehr, und hier die Unterschrift«, sagte das Schalterfräulein höflich und blätterte fünf funkelnagelneue Hunderter hin.

»Besten Dank!«, sagte Paps, steckte das Geld ein und

ging mit Miki und Spinat durch die Doppeltür des Hauptpostamtes.

»Und was machen wir jetzt?«, fragte Miki, als sie wieder
auf der Straße standen.

»Möchtest du schon heimgehen?«, fragte Paps.

»Eigentlich nicht!«, sagte Miki. »Ich habe noch etwas Besonderes vor!«

»Das trifft sich gut«, meinte Paps, »ich habe auch noch
etwas Besonderes vor. Ich muss zum Kaufhaus Riesengroß & Co.«

»Gerade da wollte ich auch hin«, sagte Miki. »Da können wir ja zusammen gehen!«

Weil das Kaufhaus ganz in der Nähe war, brauchten sie
gar nicht mit dem Bus zu fahren.

»Was kaufst du denn?«, fragte Miki neugierig.

»Das kann ich dir leider nicht sagen«, erwiderte Paps,
»es ist ein Geheimnis! Und was kaufst du?«

»Das ist auch ein Geheimnis!«, sagte Miki fröhlich.

An der Eingangstür klebte ein großes Plakat: »Flocki
muss draußen bleiben – die Polizei erlaubt es nicht.«

»Paps!«, sagte Miki ärgerlich. »Was machen wir da?«

»Einer von uns muss mit Spinat draußen bleiben und
der andere kauft ein.«

»Auf keinen Fall!«, protestierte Miki. »Ich weiß was.
Kannst du mir zehn Euro leihen?«

»Aber sicher, Miki!«

»Und kannst du bitte für einen ganz kleinen Augenblick Spinat festhalten?« Sie drückte ihrem erstaunten Paps die Leine in die Hand und verschwand durch die Tür. Gleich neben dem Eingang, das wusste sie, gab es Taschen. Sie drängte sich zwischen den Leuten durch.

»Eine Tasche, bitte!«, rief Miki schon von weitem.

»Na, so eilig wird's wohl nicht sein, kleines Fräulein!«

»Doch, es ist wahnsinnig eilig!«, sagte Miki. »Ich möchte eine Tasche!«

»Eine Schultasche?«

»Eine Handtasche!«, sagte Miki bestimmt. »Am besten aus Knautschlack! Schnell, bitte!«

Die Verkäuferin betrachtete Miki belustigt und legte dann einige Handtaschen auf den Tisch. Aber Miki sah gar nicht genau hin. »Zu klein, viel zu klein!«, rief sie.

Die Verkäuferin nahm ein paar andere aus dem Fach. »Die rote ist doch sehr hübsch; oder diese blaue?«

»Schon besser«, sagte Miki, »aber haben Sie keine grüne?«

Die Verkäuferin zog die Augenbrauen hoch, holte eine kleine Stehleiter und kletterte die Regale hinauf. Sie räumte die Taschen nach links und nach rechts, wühlte nach oben und nach unten. »Muss es denn ausgerechnet eine grüne sein?«

»Es muss!«, sagte Miki. »Weil ich Spinat so gern mag!«

Die Verkäuferin räusperte sich.

»Mögen Sie vielleicht keinen Spinat?«, sagte Miki streng. »Er ist aber sehr gesund!«

Die Verkäuferin räusperte sich wieder und wühlte weiter. Endlich zog sie von hinten ein Monstrum von einer Handtasche hervor.

»Die ist richtig!«, schrie Miki. »Ist sie auch echt?«

»Natürlich!«

»Von einem echten Knautschlackkrokodil?«

»Aber sicher!«, stöhnte die Verkäuferin.

»Was kostet die denn?«

»Zwanzig Euro!«

Miki überlegte einen Augenblick. Dann nahm sie die Tasche und lief schnell zum Ausgang. »Ich muss nur nachsehen, ob das Grün auch lichtecht ist!«, rief sie der erschrockenen Verkäuferin zu.

»Paps, schnell noch zehn Euro!«, sagte Miki hastig, als sie draußen war. »Schau, was ich habe!« Sie packte Spinat am Nackenfell und hob ihn in die Tasche. »Passt genau! Komm, Paps!« Sie schloss die Klappe und sauste zurück.

Die Verkäuferin kam gerade zur Tür. Sie dachte, Miki würde mit der Tasche davonrennen.

»Lichtecht!«, sagte Miki schnell. »Und hier sind die zwanzig Euro!«

Sie nahm den Kassenzettel würdevoll in Empfang.

»Soll ich sie einpacken?«, fragte die Verkäuferin.

»Danke, ich habe sie schon in Verwendung«, antwortete Miki und spazierte mit Paps weiter.

»Eine großartige Idee!«, flüsterte Paps, als sie sich ein Stück entfernt hatten. »Hoffentlich verhält sich Spinat ruhig!«

»Der ist ganz brav«, sagte Miki und streichelte die Tasche.

*Im dreizehnten Kapitel macht Miki eine aufregende
Entdeckung und wird von drei Männern
aus der Eisenwarenabteilung verfolgt*

Paps und Miki schlenderten von einer Abteilung zur anderen. Im dreizehnten Stockwerk blieben sie vor der Hundeboutique stehen. Was es da alles gab! Lange betrachtete Miki ein herrliches grünes Hundehalsband mit Leine und glänzenden Nickelnieten. Paps merkte es und dachte: Hoffentlich sagt Miki nichts. Das Halsband sollte ja die Überraschung für sie sein!

Im nächsten Stockwerk war die Möbelabteilung. Dort fanden sie einen mächtigen Schaukelstuhl. Den musste Paps gleich ausprobieren. Der Stuhl hatte eine furchtbar hohe, aber sehr bequeme Lehne und schaukelte traumhaft gemütlich. Miki merkte, wie sehr er Paps gefiel, und dachte: Den könnte ich ihm eigentlich schenken!

Dann fiel ihr plötzlich ihr Plan ein. »Du, Paps, ich muss schnell etwas Wichtiges besorgen. Bekomme ich bitte noch einmal zehn Euro?«

»Aber natürlich! Wir sind jetzt reiche Leute!«, sagte Paps fröhlich. »Was möchtest du denn kaufen?«

»Pst!«, machte Miki, »Staatsgeheimnis!«

Miki bekam die zehn Euro und verschwand im Gewühl.

»Treffpunkt Hundeboutique!«, rief ihr Paps nach.

»Ahoi!«, hörte Paps aus dem Gedränge und wusste, dass

Miki ihn verstanden hatte. Paps ging nun zur Hundeabteilung zurück. Er wollte ja für Miki das schöne grüne Hundehalsband mit der Leine kaufen.

Miki machte sich auf den Weg in die Farbenabteilung. Das war der erste Akt ihres Planes. Es dauerte eine Weile, bis sie dort ankam, denn die Farben gab es im sechsten Stock.

»Haben Sie Magnetfarbe?«, fragte Miki einen von den beiden jungen Herren, die in dieser Abteilung in weißen Mänteln herumstanden. »Bitte, was?«

»Magnetfarbe!«, wiederholte Miki.

»Magnet-? äh – Moment mal!« Er ging zu dem anderen und flüsterte mit ihm. Aber der andere junge Mann zuckte mit den Schultern und verdrehte die Augen zur Decke. Da tauchte ein älterer Herr auf, der hatte auf dem Kopf ziemlich wenig Haare, aber dafür einen prächtigen weißen Schnurrbart. Als der erste junge Mann mit ihm geflüstert hatte, trat er näher und blickte Miki mit seinen himmelblauen Augen feierlich an.

»Magnetfarbe? Aber selbstverständlich!«, sagte er. »Welche Farbe darf's denn sein?«

»Spinatgrün!«, säuselte Miki.

»Bitte sehr!« Der Herr mit dem Schnurrbart verschwand für einen Augenblick hinter einem Regal.

»Bedaure!«, sagte er, als er zurückkam. »Ich habe nur noch Himmelblau und Weiß. Die andern Farben sind alle ausverkauft!«

Miki dachte einen Augenblick nach. Himmelblau? Das

wäre eine Idee. Weiß wäre auch nicht schlecht. Das war sogar eine prima Idee. »Nur her damit!«, sagte sie laut. »Von jeder Farbe fünfzig Liter!«

Die beiden jungen Herren hielten sich schnell am Regal fest, als sie das hörten, aber der freundliche ältere zuckte nicht mit einer Wimper. Nur sein Schnurrbart sträubte sich ein wenig.

»Aber gern, mein Fräulein«, sagte er, »darf ich vielleicht fragen, wozu Sie die Farbe verwenden wollen?«

»Das ist eigentlich ein Geheimnis«, seufzte Miki.

»Aha, verstehe!«, sagte der Schnurrbart. »Und wie groß ist dieses Geheimnis?«

»So groß wie – wie eine Zimmerdecke ungefähr!«, flüsterte Miki, damit es nur der Schnurrbart hören konnte.

»Verstehe, verstehe«, flüsterte der zurück, »da kommen Sie aber leicht mit je einer Literdose durch!«

»Umso besser«, sagte Miki, »und ist sie auch gut magnetisch?«

»Supermagnetisch!«, sagte der Herr. »Mindestens zwölf Stunden, wenn Sie die Gebrauchsanweisung genau beachten! Brauchen Sie vielleicht einen Pinsel dazu?«

»Ja, bitte«, sagte Miki, »einen großen!«

Der Herr packte die zwei Dosen und den Pinsel ein und Miki überlegte gerade, wo sie die Dosen hingeben sollte, damit Paps sie nicht sah; da hörte sie plötzlich ein leises »Wuff!« aus der Tasche, die sie neben sich abgestellt hatte. Dieser Spinat! Er wollte doch ganz brav sein! Miki drehte sich schnell zu ihm und sah eine große Dame,

ganz in Schwarz, mit einem Maximantel bekleidet, die hinter ihr stand und mit weit aufgerissenen Augen auf die Tasche blickte, als ob sie ein Gespenst sehe. Dann merkte die Dame, dass sie beobachtet wurde. Sie warf einen schnellen Blick auf Miki. Miki erschrak vor den stechenden Augen, den langen schwarzen Haaren und der spitzen Nase und wich einen Schritt zurück. Aber die Dame hatte sich schon abgewendet und ging mit eiligen Schritten und wallendem Mantel davon.

Was war das?, dachte Miki. Hat sie nicht eine Hand nach der Tasche ausgestreckt, als ich mich umdrehte? Die wollte doch nicht etwa Spinat …?

Der Herr mit dem schönen weißen Schnurrbart schien

nichts bemerkt zu haben. »Bitte sehr, mein Fräulein!«, sagte er und packte alles in eine Plastiktasche. »Macht genau zehn Euro! Und wenn ich Ihnen einen Rat geben darf, dann tauchen Sie beim Malen den Pinsel nie mit dem Stiel zuerst in die Farbe, sondern immer mit den Borsten!«

»Hier sind die zehn Euro! Und vielen Dank für den Rat«, sagte Miki, packte ihre zwei Taschen und beeilte sich zu Paps zurückzukommen. Hundeboutique hatte er gesagt. Ob er dort etwas Besonderes kaufte? Vielleicht für Spinat?

Miki stöhnte, als sie die vielen Treppen hinaufstieg. In jedem Stockwerk blieb sie auf dem Treppenabsatz stehen, lehnte sich über das Geländer und schaute hinunter. Man konnte bis in das Erdgeschoss sehen. Das Lustige war, dass die Leute, die ganz unten standen, jedes Mal, wenn sie hinunterschaute, kleiner wurden. Zuletzt waren sie fast so klein wie Käfer. Wie kleine bunte Laufkäfer, dachte Miki. Gut, dass ich nicht mit dem Lift gefahren bin, sonst hätte ich das nicht gesehen.

Als sie endlich im dreizehnten Stock war, sah sie Paps schon von weitem, weil er aus den Leuten vor der Hundeboutique fast um einen Kopf herausragte.

Aber was war das? Vor Schreck hätte Miki fast die Tasche mit den Farbtöpfen fallen lassen. Neben Paps stand die große schwarze Dame, die sich vorhin so verdächtig an ihrer Tasche zu schaffen gemacht hatte! Eigentlich stand sie mehr hinter Paps. Jetzt drehte sie sich um und spähte nach allen Seiten. Das war sie! Miki sah sie genau, mit ihren stechenden Augen, der spitzen Nase und den langen, schwarzen Haaren! Ihr war plötzlich ängstlich zumute. Gut, dass ich weiß, dass es keine Hexen gibt, dachte Miki, sonst würde ich glauben, das ist eine.

Sie drängte sich an Paps heran. »Ahoi, Paps!«, sagte sie. »Was hast du denn Schönes gekauft?«

»Pst!«, sagte Paps und zeigte auf das Paket auf dem Tisch.

»Neunzehn fünfundneunzig«, sagte die Verkäuferin.

Paps zog seine Geldbörse aus der Tasche, das heißt, er *wollte* sie herausziehen. Denn sie war nicht mehr da!

»Miki«, sagte er und war ganz blass im Gesicht. »Das Geld ist weg!« Er griff schnell in die andere Tasche, aber da war es auch nicht. »Fünfhundert Euro!«, stöhnte Paps.

Miki durchzuckte es wie ein Blitz: die schwarze Dame! Sie fuhr herum – aber die schwarze Dame war weg! Dort! Dort stieg sie gerade in den Lift! Miki rannte, was sie konnte, sie drängte sich zwischen den Leuten durch. Aber als sie zum Lift kam, war die Tür schon geschlossen. Sie trommelte mit den Fäusten gegen die Glastür. Die schwarze Dame lachte und drückte auf den Knopf. Surrr – der Lift fuhr hinunter.

Wenn die nicht das Geld geklaut hat, fresse ich einen Staubsauger!, dachte Miki. Jetzt hieß es handeln! Aber wie? Wenn der nächste Lift kam, war es zu spät. Miki rannte zur Treppe. Schon beim Heraufgehen hatte sie das glatte Geländer bewundert. Das war vielleicht die Rettung! Aber mit den beiden Taschen würde sie es nicht schaffen! Eine musste hier bleiben. Die mit der kostbaren

Magnetfarbe oder die mit Spinat. Nein, Spinat auf keinen Fall! Um Paps zu rufen, war es zu spät, sie durfte keine Hundertstelsekunde verlieren! So stellte sie die Tasche mit der schönen blauen und weißen Magnetfarbe nieder, nahm die Tasche mit Spinat unter den Arm, sprang auf das breite Treppengeländer und sauste auf der glatten Oberfläche hinunter.

Zwischen der Treppe und dem Lift stand eine Säule mit einem Spiegel und hinter diesem Spiegel saß ein Warenhausdetektiv. Der sollte aufpassen, dass niemand von den vielen Besuchern etwas mitgehen ließ, ohne es zu bezahlen. Durch diesen Spiegel konnte man hinaussehen, aber nicht hinein. Wenn man hineinschaute, sah man eben nur sich selbst. Das war das Schöne daran. Weniger schön war, dass der Warenhausdetektiv hinter dem Spiegel ein Stündchen geschlafen hatte. Das konnte er leicht, weil es ja niemand sah. Aber plötzlich hörte er ein Gepolter. Das kam daher, dass Miki an die Tür des Lifts getrommelt hatte. Der Detektiv fuhr in die Höhe und rieb sich die Augen. Da sah er eben noch, wie sich Miki mit einer großen grünen Tasche unter dem Arm auf das Treppengeländer schwang und hinuntersauste.

»Ha!«, rief er, »das ist er!« Er öffnete schnell die Geheimtür und rannte zum Lift. Aber der war besetzt! Er stürzte zur Treppe. Auf dem Geländer zu rutschen wagte er nicht, daher musste er eben laufen. Immer fünf Stufen auf einmal nehmend, sprang er hinunter, dass die Leute erschrocken zur Seite wichen. Im zehnten Stockwerk schrie er einem Verkäufer zu: »Der Dieb, der Dieb! Auf der Treppe unten!« Der Verkäufer rannte sofort zum Abteilungsleiter und der telefonierte ins fünfte Stockwerk, dort war die Eisenwarenabteilung. Der Leiter des fünften Stockwerkes telefonierte sofort in die Direktion im siebten Stock und lief mit drei Männern der Eisenwarenabteilung zur Treppe. Als der Direktor hörte, dass der Hausdetektiv den Dieb verfolgte, alarmierte er sofort das Überfallkommando und sauste zum Lift. Aber der war besetzt!

»Jetzt kommt er!«, rief der Abteilungsleiter den drei starken Männern zu, als er den dicken Herrn mit der dunklen Brille die Treppe herunterrennen sah. Sofort stürzten sich die drei starken Männer auf ihn. Und weil sie gewohnt waren, mit Eisen umzugehen, waren sie nicht gerade sanft!

»Auslassen!«, schrie der dicke Herr wütend. »Was fällt Ihnen ein! Sie sind auf der Stelle entlassen!«

Zu spät bemerkte der Abteilungsleiter, dass sie den falschen erwischt hatten – nämlich den Warenhausdirektor!

Jetzt kam auch der Detektiv herbei. »Habt ihr ihn?«, schrie er.

Aber der Direktor fuhr ihn an: »Schafskopf! Sie haben wohl wieder in den Mond geschaut!«, schnaubte er. »Wo ist der Dieb?«

Der Detektiv machte ein beleidigtes Gesicht. Aber dann zeigte er schnell über das Geländer. »Hier!«, rief er. »Sehen Sie selbst!« Der Direktor beugte sich hinunter und sah tatsächlich im dritten Stock jemanden mit einer großen Tasche das Geländer hinunterrutschen.

»Mir nach!«, rief er. Und mit dem Warenhausdirektor an der Spitze sausten der Detektiv, der Abteilungsleiter und die drei starken Männer aus der Eisenwarenabteilung die Treppe hinunter.

Im vierzehnten Kapitel fliegt Paps durch die Luft
und Miki klärt mit Spinat einen echten Kriminalfall

Paps suchte immer noch nach der Geldbörse, da merkte er plötzlich, dass Miki nicht mehr da war. Er blickte umher und sah noch, wie sie sich auf das Treppengeländer setzte und hinunterrutschte.

Ärgerlich!, dachte Paps. Gerade jetzt muss Miki Unfug machen! Was sollte er tun? Er musste die Geldbörse suchen! Fünfhundert Euro sind kein Pappenstiel! Aber wenn Miki inzwischen etwas passierte?

»Fünfhundert Euro hin, fünfhundert Euro her«, sagte Paps halblaut, »ich muss zu Miki!«

»Augenblick mal«, sagte er zur Verkäuferin, »ich bin gleich wieder da!«

Er lief zum Treppenabsatz und blickte hinunter. Und was sah er? Ganz unten sauste Miki mit der grünen Tasche unter dem Arm das Geländer hinunter und auf der Treppe rannte eine Menge Leute hinterher.

»Himmelblauer Regenschirm! Höchste Zeit, nach dem Rechten zu sehen!«, murmelte Paps. Aber wie sollte er Miki so schnell zu Hilfe eilen? Suchend blickte er sich um. Gleich drüben gab es Schirme. »Einen Schirm!«, rief Paps. »Schnell, schnell!«

Was hat der?, dachte die Verkäuferin, der tut, als ob er mitten in einem Wolkenbruch stünde. Aber weil sie eine höfliche Verkäuferin war, sagte sie nichts und reichte Paps einen Herrenschirm.

»Zu klein!«, sagte Paps. Die Verkäuferin gab ihm einen riesigen schwarzen Familienschirm.

»Zu klein!«, sagte Paps und wischte sich den Schweiß von der Stirn. »Haben Sie nichts Größeres?«

»Möchte der Herr vielleicht einen Schirm gegen Sonnenstich?«, fragte die Verkäuferin und holte einen großen bunten Gartenschirm aus dem Regal.

»Der ist richtig!«, sagte Paps, nahm den Schirm und rannte zur Treppe zurück. Er spannte ihn auf und blickte noch einmal bis zum Erdgeschoss hinunter. »Höchste Zeit!«, murmelte er und sprang!

»Hiiiilfe! Ein Verrückter!«, schrie die Schirmverkäuferin, ehe sie in Ohnmacht fiel.

Inzwischen war Miki im Erdgeschoss angekommen. Ihr war ein wenig schwindlig und sie musste sich am Geländer festhalten. Da sah sie die schwarze Dame, wie sie sich mit wallendem Mantel durch die Menge drängte und dem Ausgang zuflatterte. Das schaffe ich nicht mehr, dachte Miki, da muss Spinat her!

Sie öffnete ihre Tasche und zog den Hund heraus. »Spinat, lieber Spinat! Jetzt kannst nur noch du helfen! Schnell – such und fass!«

Spinat stand einen Augenblick geblendet da, dann schüttelte er das zerzauste grüne Fell und sauste los, immer mit der Nase auf dem Boden.

In diesem Augenblick ging die große Eingangstür auf und fünf Polizisten marschierten herein. Sie waren vom Überfallkommando und mit Gummiknüppeln, Pistolen und Gewehren bewaffnet.

»Keiner verlässt das Haus!«, rief der erste Offizier drohend. Die schwarze Dame war gerade am Eingang angekommen. Sie blickte zurück und sah Spinat, wie er direkt auf sie zusteuerte.

»Ein Hund!«, kreischte sie. »Ein Hund im Warenhaus!«

Die Leute blickten erstaunt auf Spinat, der sich zwischen den vielen Beinen durchkämpfte, und einige Kunden schrien nun ebenfalls: »Ein Hund im Warenhaus!«

»Was?«, sagte der Offizier erbost. »Und deswegen hat man das Überfallkommando geholt?«

»Genau deshalb«, sagte die Dame spitz und wollte sich an dem Offizier vorbei durch den Ausgang drücken.

Aber in diesem Augenblick war Spinat da! »Wuff!«, sagte er, sprang mit einem Satz an der schwarzen Dame hoch, biss in ihren langen Mantel und stemmte die Pfoten gegen die Tür.

»Hilfe! Schafft mir das Vieh vom Hals!«, brüllte die Dame mit einer merkwürdig rauen Stimme.

»Wem gehört dieser Hund?«, fragte der Polizeioffizier streng.

»Schafft den Köter weg!«, befahl er den vier Polizisten.

»Zu Befehl!«, riefen die vier. Einer fasste Spinat am Rückenfell, der zweite am rechten Ohr, der dritte am linken Ohr und der vierte zog am Schwanz!

Aber Spinat ließ nicht los und die Dame zappelte immer noch in der Tür.

Da kam endlich Miki angestürmt. »Spinat, lieber Spinat!«, rief sie mit tränenerstickter Stimme. »Ich komme! – Lasst sofort meinen Hund los!«, schrie sie die Polizisten an. »Ihr tut ihm doch weh!«

Als die schwarze Dame Miki sah, warf sie ihr einen giftigen Blick zu und brüllte wieder: »Schafft mir endlich das Vieh vom Hals! Wozu gibt es denn die Polizei?« Und die vier Polizisten zogen noch fester.

Wer weiß, wie die Sache ausgegangen wäre, wenn nicht plötzlich Paps mit seinem großen, bunten Gartenschirm mitten unter den Leuten gelandet wäre.

Mit einem Schreckensschrei sprangen alle zur Seite. Der Polizeioffizier trat auf ihn zu und sagte: »Wo kommen *Sie* her? Haben Sie überhaupt einen Flugschein?«

»Moment mal«, sagte Paps, »immer schön der Reihe nach. Erstens bin ich der Vater!«

»Von dem Hund?«, fragte der Oberpolizist.

»Natürlich nicht«, sagte Paps, »aber von dem Mädchen, dem der Hund gehört. Und wenn der Hund jemanden am Mantel festhält, so hat er sicher seinen guten Grund dazu.«

Als nun die Dame, die immer noch in der Tür einge-klemmt war, Paps sah, wurde sie bleich im Gesicht. Sie biss die Zähne zusammen und wollte sich mit einem Ruck losreißen. Aber Spinat hielt eisern fest und – ratsch, riss der Mantel von oben bis unten auseinander!

»Hoppla!«, rief Paps. »Was kommt denn da?«

Aus dem Mantelinneren quoll es nur so heraus: Blusen, Hemden, Kleider, Wecker, Armbanduhren, Strumpfband-gürtel, Badeanzüge, Taucherbrillen, Perlenketten, Füllfe-derhalter, Geldbörsen, Seidentücher – alles flatterte und kullerte auf den Boden. Der Polizeioffizier, die vier Poli-zisten und die riesige Menschenmenge, die sich innen und außen an der Glastür angesammelt hatte, rissen Mund und Nase auf.

»Festnehmen!«, rief Miki. »Wozu gibt es denn sonst die Polizei!«

Da stürmten auch der Warenhausdirektor, der Detek-tiv, der Abteilungsleiter und die drei starken Männer aus der Eisenwarenabteilung heran. Der Schweiß rann ihnen übers Gesicht. Der Detektiv zeigte auf Miki und schrie: »Verhaftet sie!« Aber die vier Polizisten hatten schon die schwarze Dame am Kragen.

»Verhaften!«, schrie nun auch der Warenhausdirektor nervös.

»Machen wir ja!«, sagte der Polizeioffizier, und der Di-rektor, der Detektiv und der Abteilungsleiter starrten er-staunt auf den Haufen Waren am Boden und dann auf die Dame mit dem zerrissenen Maximantel, unter dem

ein paar kräftige und ziemlich behaarte Beine in Nylon-
strümpfen hervorlugten. Der Oberpolizist blickte ihr
plötzlich scharf ins Gesicht, griff blitzschnell auf ihren
Kopf und – hatte die Haare in der Hand. Unter der
schwarzen Lockenpracht tauchte ein ziemlich eckiger
Schädel mit einer borstigen Igelfrisur auf.

»Aha!«, sagte der Oberpolizist. »Schlutz Schludersack,
der internationale Warenhausdieb! Dachte ich mir doch
gleich!« Handschellen blitzten und – klick, hatte Schlutz
Schludersack sie auch schon an.

»Ja, wer hat ihn denn eigentlich entdeckt?«, fragte der
Warenhausdirektor.

»Ich!«, sagte Miki bescheiden, »und Spinat!«

Der hatte inzwischen in den Sachen auf dem Boden gewühlt, kam schwanzwedelnd zu Paps und hielt eine Börse im Maul. »Sehen Sie, meine Herren«, verkündete Paps, »diese Börse wurde mir vorhin gestohlen. Und wer hat es bemerkt? Meine kluge Tochter! Und wer hat den Dieb verfolgt? Meine kluge Tochter! Und wer hat ihn gestellt? Ihr tapferer kleiner Hund!«

»Dann warst du also nicht der Dieb?«, fragte der Warenhausdetektiv Miki verwundert. »Aber was hast du denn in der großen Tasche?«

»Nichts!«, sagte Miki. »Spinat war drin.« Und als sie die erstaunten Augen sah, rief sie: »Na, der da!« Sie nahm Spinat auf den Arm und streichelte ihn und Spinat leckte über ihre Nasenspitze.

Als es dem Warenhausdirektor nun so richtig zum Bewusstsein kam, dass sie den berühmten internationalen Warenhausdieb gefangen hatten, rief er begeistert aus:

»Weil unsere Waren so famos, stiehlt Schludersack bei Riesengroß. Das wird *der* Werbeschlager!« Er pflanzte sich vor Miki und Spinat auf. »Und wem verdanke ich den Erfolg? Euch beiden!« Er zog aus seiner Brieftasche fünfhundert Euro und überreichte sie Miki mit einer schwungvollen Handbewegung.

»Fünfhundert Euro!«, staunte Miki. »Für euch beide!«, bestätigte der Direktor. »Und außerdem dürft ihr euch noch etwas wünschen!«

»Ich möchte bitte meine Tasche mit der Farbe wiederhaben, die steht im dreizehnten Stock neben der Treppe!«, sprudelte Miki hervor. »Und für Spinat möchte ich ein schönes grünes Halsband mit Leine, eines mit Nickelnieten!«

»Das liegt schon verpackt in der Hundeabteilung«, mischte sich Paps ein, »ich konnte es nur nicht mehr bezahlen, weil meine Geldbörse weg war.«

»Bezahlung ist natürlich jetzt überflüssig!«, sagte der Direktor großzügig. Er wandte sich wieder an Miki. »Aber ist das alles?«

Miki stellte sich auf die Zehenspitzen und flüsterte dem Warenhausdirektor etwas ins Ohr. Der lächelte, schaute Paps an und nickte. Dann gab er dem Abteilungsleiter eine leise Anweisung.

»Den Gartenschirm bekommen Sie natürlich als Andenken!«, sagte er zu Paps.

Die Polizisten schleppten unter dem Gejohle der Leute den berühmten Schlutz Schludersack in den Polizeiwagen und fuhren mit Blaulicht und Sirene ziemlich eilig davon. Vielleicht hatten sie Angst, dass ihnen der Schludersack unterwegs das Auto stehlen könnte.

»Darf ich mir Ihre Adresse notieren?«, fragte der Warenhausdirektor. »Dann werden wir Ihnen die Sachen gleich ins Haus zustellen lassen.«

Diesmal gab Paps aber die richtige Adresse an und der Warenhausdirektor sagte: »Den Namen habe ich doch schon öfter in der Zeitung gelesen. Sind Sie nicht der berühmte Boxer?«

»So was Ähnliches«, sagte Paps verlegen und dachte an die letzten Demonstrationen an der Universität.

»Ich wusste es ja!«, sagte der Direktor erfreut. »Und jetzt lade ich Sie beide noch zu einem kleinen Mittagessen in unser Restaurant auf der Dachterrasse des Warenhauses ein!« Sie fuhren mit dem Lift hinauf.

»Leider muss ich mich nun verabschieden«, sagte der Direktor, als er die beiden zu einem Tisch mit herrlicher Aussicht auf die Stadt geführt hatte. »Sie verstehen – Geschäfte! Aber lassen Sie es sich schmecken! Essen Sie, trinken Sie nach Herzenslust – es geht alles auf meine Rechnung!«

Paps und Miki bedankten sich höflich, der nette Warenhausdirektor wechselte ein paar Worte mit dem Oberkellner und rauschte ab.

Ein Kellner im blauen Frack brachte die Getränkekarte. »Was trinken wir, Paps?« Miki las die Karte von oben bis unten und von unten bis oben. »Wie wäre es mit Heidelbeersaft?«

»Zweimal Heidelbeersaft«, bestellte Paps. Der Kellner ging und war gleich wieder da.

»Prosit, Paps!«, rief Miki begeistert. »Ist das Leben schön!«

»Von hier oben, mit tausend Euro in der Tasche und einem Schlemmeressen bestimmt«, sagte Paps.

Miki ließ plötzlich den Kopf hängen. Sie war gar nicht mehr froh. Die anderen Kinder haben es bestimmt nicht so schön, dachte sie. Aber was konnte sie dafür, dass sie so viel Glück hatte?

Miki war so verwirrt, dass sie Wildschweinbraten mit Schlagsahne und Nusstorte in Pfeffersoße bestellte.

Paps musste lachen. Aber Miki sah ihn strafend an. »Ich muss an die anderen Kinder denken, die es nicht so schön haben!«, sagte sie traurig.

Sie starrte einen Kellner in schneeweißer Uniform eine Weile an, dann kam ihr ein herrlicher Gedanke.

»Bringen Sie mir bitte eine leere Suppenschüssel!«, sagte sie. Der Kellner war einen Augenblick sprachlos, dann eilte er fort und kam gleich mit dem Gewünschten zurück.

»Haben Sie keine größere?«, fragte Miki enttäuscht. »Bringen Sie die größte, die es in der Küche gibt!«

Der Kellner blieb eine Weile aus, dann kam er mit einem Kollegen zurück und sie trugen zu zweit ein wahrhaftes Ungetüm von einer Suppenschüssel.

»Die ist besser«, sagte Miki. »Nun lassen Sie bitte die Schüssel mit Erdbeereis füllen. Aber voll. Mit einem sooo großen Berg darauf! Und dann stellen Sie sich vor den Eingang des Warenhauses und lassen alle Kinder, die vorbeikommen und Appetit auf Erdbeereis haben, lecken. Und sagen Sie schöne Grüße von mir, von Miki!«

Als die drei im besten Essen waren – Spinat lag unter Mikis Stuhl und hatte einen Teller Spinat mit Spiegelei bekommen –, sagte Miki: »Glaubst du, dass die beiden Kellner schon unten stehen?« Sie steckte ein Stück von dem köstlichen Wildschweinbraten mit Pfeffersoße in den

Mund und kaute mit vollen Backen. »Uns geht's gut, was, Paps?«

Paps nickte nur, denn er hatte auch ein großes Stück herrlich knusprigen Wildschweines im Mund.

»Glaubst du, dass die Kinder ihr Eis bekommen haben?«, fragte Miki wieder.

Statt einer Antwort tönte plötzlich leise und dann immer lauter Geschrei von der Straße herauf. »Horch mal!«, sagte Paps und vergaß, dass er den Mund noch voll hatte.

»Mikiii! Mikiii!«, rief es in Sprechchören.

Miki sprang auf und lief zum Geländer der Terrasse. Aber das war viel zu hoch. Sie waren ja auch auf der Dachterrasse des einundzwanzigsten Stockwerks!

Da hob Paps Miki in die Höhe, dass sie gerade mit der Nasenspitze darüberblicken konnte.

»Die Kinder!«, rief Miki begeistert. »Wie sie winken!«

»Sind es viele?«, fragte Paps.

»Tausend oder zehntausend! Ich kann sie nicht zählen, sie sind ja so klein wie Flöhe!«

»Hallo, Freunde!«, rief sie hinunter. »Schmeckt das Eis?«

»Mikiii, Mikiii!«, schrien die Kinder weiter.

»Die können mich ja nicht hören«, sagte Miki traurig, »und sehen auch nicht.«

»Augenblick«, sagte Paps, »ich habe eine Idee!« Er nahm die weißen Papierservietten vom Tisch und gab sie Miki.

»Fein, Paps!«, rief Miki. Sie ließ sich wieder hochheben, entfaltete die Servietten und – da schwebten sie hinunter. »Mikiii! Mikiii!«, schrien die Kinder wieder.

»Gibt es da nicht mehr Servietten?«, fragte Miki den Oberkellner.

»Ganz nach Wunsch, mein Fräulein, wie viel darf ich bringen?«

»Fünfzig Dutzend!«, sagte Miki. »Aber bitte etwas Farbe, sonst wird's langweilig!«

Gleich kamen zehn Kellner in Schwarz und jeder trug auf einem Tablett fünf Dutzend Papierservietten: rosenrote, veilchenblaue, spinatgrüne, tabakbraune und zitronengelbe.

»Hurra!«, rief Miki. »Das wird ein Fest! Meine Herren, ans Werk!« Sie streute mit vollen Händen die geöffneten Papierservietten über das Geländer und die zehn Kellner durften ihr dabei helfen. Wie ein Riesenschwarm bunter Tauben flatterten die Servietten hinunter und die Kinder schrien: »Hoch, Miki!« Und sie tanzten vor Freude.

Im fünfzehnten Kapitel werde ich erzählen,
was Miki mit der Magnetfarbe machte und was
geschah, als Frau Ehrenwert heimkam

Um fünf vor zwei standen Paps, Miki und Spinat mit einem großen Blumenstrauß vor der Haustür. Die Blumen hatte Paps unterwegs gekauft. Die wollten sie Mami mitbringen, wenn sie sie am Abend vom Bahnhof abholten.

Vor dem Haus stand ein Laufbursche des Warenhauses

und neben ihm waren fein säuberlich aufgestapelt die Geschenke.

»Wartest du schon lange?«, fragte Miki teilnahmsvoll.

»Nein!«, sagte der Laufbursche höflich. »Erst zwei Stunden.«

»Paps!«, sagte Miki vorwurfsvoll, und Paps zückte seine Börse und drückte dem Jungen einen Fünfeuroschein in die Hand.

»Vie-vielen Dank!«, stotterte der Junge überrascht und verneigte sich dreimal.

»Keine Ursache!«, sagte Miki gnädig. »Geht in Ordnung!«

Der Bursche entfernte sich schleunigst, Paps sperrte die Tür auf und die drei trugen die Pakete hinein. Miki nahm die Tasche mit den Farbtöpfen und den Gartenschirm, Spinat trug sein Paket mit der grünen Hundeleine und Paps sagte: »Was ist denn in dem riesengroßen Paket?« Miki schmunzelte nur, als Paps es mit Mühe hineinschleppte.

»Aber Miki!«, sagte Paps und bekam glänzende Augen, als er es auspackte. In dem Paket war ein Schaukelstuhl, derselbe hohe, bequeme Schaukelstuhl, den Paps im Warenhaus so bewundert hatte. Paps schüttelte ungläubig den Kopf: »Ist der für mich?«

»Aber klar, Paps! Du bist doch so prima!«, rief Miki und fiel ihm um den Hals.

Dann bekam Spinat das grüne Halsband und tollte damit wie verrückt durch die Wohnung. Paps durfte gleich ausprobieren, wie man im Wohnzimmer auf dem neuen

Schaukelstuhl Zeitung lesen konnte, und Miki räumte den Gartenschirm in den Keller.

»Bleib nur, bis ich dich rufe!«, sagte sie zu Paps und zog sich mit ihren geheimnisvollen Farbtöpfen ins Kinderzimmer zurück.

Miki stellte die Töpfe nebeneinander auf den Boden und machte die Deckel auf. »Scheint mir doch etwas wenig für den ganz großen Himmel in meinem Zimmer!«, sagte sie kopfschüttelnd. »Ich werde die Farbe verdünnen müssen!«

Eben kam Spinat die Treppe heraufgestürmt. »Ausgezeichnet! Du bleibst hier und passt auf die Töpfe auf!«, sagte Miki. Sie ging in die Küche. Leider fand sie nur einen Eimer. Sie brauchte aber noch ein zweites Gefäß! Eingehend betrachtete sie die Blumenübertöpfe, aber die waren zu klein. Sie brauchte etwas Höheres! Im nächsten Augenblick hatte sie eine Idee.

Sie eilte mit einem Kochlöffel, dem Eimer, den sie halb mit Wasser gefüllt hatte, und mit Paps' blauem Zylinderhut die Treppe hinauf.

Bei dem merkt man es nachher gar nicht, weil er auch himmelblau ist, dachte sie. Spinat konnte es schon nicht mehr aushalten und wollte eben kosten, wie denn die weiße und blaue Farbe schmeckte.

»Spinat!«, schrie Miki entsetzt. »Die ist doch supermagnetisch! Was da alles passieren könnte! Dein Fressnapf würde dir an der Zunge kleben bleiben und jeder Laternenpfahl an der Nase, wenn du ihn beschnupperst!«

Spinat zog den Schwanz ein und legte sich winselnd unter Mikis Bett. »Ist ja schon gut, Spinatchen!«, tröstete Miki. »Ich wollte dich doch nicht erschrecken!«

Sie leerte die Hälfte des Wassers in Paps' Zylinderhut, rührte die weiße Farbe in den Eimer und die blaue in den Hut. Gut, dass der aus so festem Stoff war.

Als beide Farben gut aufgerührt waren, las Miki die Gebrauchsanweisung, die auf dem Farbtopf stand: »Mit einigen Tropfen Wasser angerührt hält die Magnetkraft garantiert zwölf Stunden an.«

Miki schaute nachdenklich in den Zylinderhut. »Hoffentlich habe ich nicht zu viel Wasser erwischt«, murmelte sie und tauchte den großen Pinsel ein. Aber dann fiel ihr ein, dass sie zu klein war und nicht bis zur Decke reichen konnte. Sie rückte also den Tisch in die Mitte, stellte den Zylinderhut darauf, stieg auf den Tisch, tauchte den Pinsel ein und – erreichte die Decke wieder nicht!

»Ohne Mühe keine Brühe«, murmelte Miki. »Alte Bauernregel.« Sie stieg wieder herab, hob den Stuhl auf den Tisch und stellte obendrauf den Schemel. Und jetzt reichte sie bis nach oben.

Miki arbeitete verbissen. In einer Stunde hatte sie die Decke des Kinderzimmers schön himmelblau angemalt und es war sogar noch ein kleiner Rest Farbe übrig.

Nun malte sie mit der weißen Farbe schnell noch ein paar dufte Wolken an den Himmel – fertig!

Miki sprang von ihrem Gerüst herab, wischte sich den Schweiß von der Stirn und bestaunte ihr Kunstwerk.

»Ohne Schwitze keine Witze«, sagte sie. »Das ist sicher auch eine alte Regel.«

Jetzt kam auch Spinat unter dem Bett hervor, spähte prüfend nach oben und bellte probeweise die weißen Wölkchen an. »Pst! Wirst du still sein! Wir dürfen doch Paps noch nichts verraten!«, mahnte Miki. »Jetzt kommt erst Nummer zwei!« Sie schlich leise die Treppe hinab und holte aus dem Vorraum ihre Rollschuhe.

»Jetzt pass auf!«, sagte sie zu Spinat, als sie wieder oben war. Sie schnallte ihre Rollschuhe an und blickte zur Decke. Aber wie sollte sie da hinaufkommen? Wenn sie auf ihr Gerüst kletterte und oben einen Handstand machte? Nein, das war doch zu gefährlich!

»Spinat!«, rief sie. »Was bin ich doch für ein himmelblauer Esel! Jetzt habe ich die Zufahrt vergessen!« Gut, dass noch ein bisschen Farbe da war. Schnell malte sie an der Wand eine schmale Straße hinauf zur Decke. Sie blies ein paar Mal darauf und schon war sie trocken.

»Prima Farbe!«, verkündete sie. »Und jetzt kommt Nummer drei!« Miki nahm Anlauf – und sauste die Wand hinauf und auf die Decke des Kinderzimmers.

Die Magnetfarbe war Klasse. Sie hielt ausgezeichnet. Miki rollte über die Decke, zog eine Schleife um die Lampe und fuhr wieder zurück. Es war ein herrliches Gefühl.

Als sie siebenundzwanzigmal rundherumgefahren war, wurde Spinat ungeduldig. »Wuff, wuff, wuff!«, bellte er und das hieß so viel wie: »Jetzt komm doch endlich wieder einmal herunter!«

»Ich komm ja schon!«, rief Miki und rollte auf der Ausfahrt zum Boden hinunter. Hui, das ging aber schneller als hinauf!

»Ich werde mir Scheibenbremsen einbauen müssen«, murmelte Miki und rieb sich die Knie und die Nasenspitze. Dabei kam ihr aber eine prächtige Idee. Sie holte den Ventilator aus dem Schlafzimmer, steckte ihn an und richtete ihn zur Decke. Dann nahm sie ihr rotes Seidentuch aus dem Kasten, hielt mit beiden Händen und mit den Zähnen die Enden fest und sauste wieder zur Decke hinauf. Als sie in den Wind des Ventilators kam, bauschte sich ihr Seidentuch wie ein Segel und Miki glitt elegant über den blauen Kinderzimmerhimmel.

Jetzt wurde aber Spinat eifersüchtig! Er bellte wütend zu Miki hinauf, stellte sich auf die Hinterpfoten und jaulte so laut, dass Paps im Wohnzimmer erschrocken aus seinem Schaukelstuhl sprang und Hals über Kopf die Treppe hinaufstürmte. Als er die Tür des Kinderzimmers aufstieß, sah er wohl Spinat, aber keine Miki.

»Spinat, wo ist Miki?«, rief er erschrocken. »Miki!« Plötzlich hörte er verhaltenes Lachen und Spinat kläffte wieder zur Decke. Da sah Paps Miki wie ein Fischerboot mit rotem Segel über den himmelblauen Kinderzimmerhimmel segeln und er musste sich am Türpfosten festhalten.

»Miki«, hauchte er, »komm sofort herunter!«

»Ahoi, Paps!«, rief Miki. »Das ist Magnetfarbe! Prima Qualität!« Sie zog noch eine Doppelschleife um die Hän-

gelampe und fuhr zu Paps hinab, wobei sie nun ihr Segel als Bremsfallschirm benützte.

»Miki«, seufzte Paps und schloss sie in die Arme, »da hättest du mir beinahe einen Schrecken eingejagt!«

»Paps«, sagte Miki streng, »ein Löwenjäger und Angst? Das passt doch nicht zusammen! Hast du nicht Lust, es auch einmal zu versuchen?« Sie setzte sich auf den Boden und schnallte einen Rollschuh ab.

»Ich weiß nicht, Miki«, sagte Paps unsicher. »Vielleicht ist das doch nicht das Richtige für mich.«

»Ich begleite dich«, sagte Miki. »Da hast du einen Rollschuh.« Ehe Paps es verhindern konnte, hatte sie ihn an Paps' Fuß geschnallt. »Schau mir genau zu!« Sie nahm einen kurzen Schwung und – hei, ging's die Wand hinauf zur Decke! »Ahoi!«, rief Miki und schwenkte ihr rotes Segel. Da konnte Paps natürlich nicht länger zurückstehen. Er nahm ebenfalls einen Schwung und – surrr, rollte er hinter Miki her. Gut, dass die beiden so gute Rollschuhläufer waren, so machte es ihnen gar nichts aus, dass sie nur auf einem Bein fuhren. Sie nahmen das Segel in die Mitte, zogen Schleifen über den blauen Himmel mit den weißen Schäfchenwolken und sangen: »Lustig ist das Zigeunerleben!« Das passte zwar nicht besonders, aber Miki konnte das so gut singen!

Der arme Spinat saß immer noch traurig tief unten auf der Erde, jaulte und sprang von Zeit zu Zeit an die Wand. Aber er fiel natürlich immer wieder herunter. Das konnte Miki nun doch nicht mehr länger mit anschen. »Moment!«, sagte sie zu Paps. »Ich bin gleich wieder da!«

Sie landete mit einem Schwung neben Spinat. »Du sollst nicht länger zusehen müssen!« Sie nahm den großen Pinsel und pinselte Spinat das allerletzte Restchen der blauen Farbe aus Paps' Zylinderhut auf die Pfoten. »Jetzt komm!« Miki rollte die Wand hinauf. Spinat sauste hinterher. »Vorsicht, Spinat!«, rief Miki warnend. »Vergiss nicht, immer wenigstens eine Pfote auf die Farbe zu stellen, sonst bist du weg!« Spinat war aber sehr geschickt und bald segelten Paps und Miki wieder ruhig übers Blau, während Spinat in tollen Sprüngen hinter ihnen herjagte.

»Wann müssen wir denn Mami abholen?«, fragte Miki plötzlich.

»Um sieben Uhr!«, sagte Paps.

Da läutete die Hausglocke.

Spinat machte vor Schreck einen Luftsprung und plumpste auch prompt hinunter. Glücklicherweise landete er auf allen vieren.

»Ich werde mal nachsehen!«, sagte Miki. »Bleib nur ruhig oben, Paps!« Sie rollte zur Wand und merkte plötzlich, dass ihr Rollschuh gar nicht mehr so gut an der Farbe festhielt! »Mikiii!«, schrie Paps im selben Augenblick und kam mit einem gewaltigen Plumps von der Decke herab. Gut, dass er das Segel noch in der Hand hielt, und gut, dass er genau auf seinem Zylinderhut landete, der noch mitten im Zimmer stand.

Miki war bei dem Anblick die halbe Wand heruntergestürzt und saß verdutzt neben Paps auf dem Boden. Während sich Paps verlegen den Kopf kratzte, sagte sie: »Vielleicht habe ich doch zu viel Wasser dazugemischt!«

In diesem Augenblick ging die Tür auf.

»Mami!«, schrien Paps und Miki wie aus einem Munde.

»Ich dachte schon, da sei niemand zu Hause«, wollte Frau Ehrenwert sagen. Aber beim Anblick der zwei blieben ihr die Worte im Mund stecken.

»Wir haben dich erst um sieben Uhr erwartet!«, stöhnte Paps und versuchte, sich mühsam aus dem Zylinderhut zu erheben. Mami blickte fassungslos auf die Decke, dann auf Miki und auf Paps.

Da sprang Miki auf, rollte mit ihrem einen Rollschuh auf sie zu und fiel ihr um den Hals. »Wir sind ja so froh, dass du wieder da bist, Mami!«, sagte sie. »Und hier sind die Blumen!«

Spinat kam nämlich gerade in diesem Augenblick mit dem Blumenstrauß zur Tür herein.

»Ach, ich bin auch froh!«, sagte Frau Ehrenwert. »Aber wo habt ihr denn auf einmal den Spitz her?«

Miki konnte einen Augenblick lang nicht antworten, sie war selbst so erstaunt. Spinat war plötzlich weiß!

»Wir werden dir alles erzählen!«, sagte Paps. Er hatte sich endlich von dem blauen Zylinderhutfarbtopf befreit, fiel Mami ebenfalls um den Hals und gab ihr einen Kuss. Dann lief er schnell ins Schlafzimmer und zog eine neue Hose an, denn seine war hinten ziemlich farbig geworden. Miki lief ins Badezimmer und wusch die Farbe von ihrem Gesicht und von Spinats weißen Pfoten.

Dann setzten sie Mami in den neuen Schaukelstuhl im Wohnzimmer, und nachdem sie erfahren hatten, dass es Tante Klara schon wieder besser ging, erzählten Paps und Miki ihre Erlebnisse. Als sie fertig waren und Mami erlaubt hatte, dass Spinat, der jetzt eigentlich Schlagsahne hätte heißen müssen, im Haus bleiben durfte, fiel Miki Mami und Paps miteinander um den Hals und sagte: »Du, Mami, Paps ist einfach prima! Und du natürlich auch!«

An diesem Abend war Miki sehr zufrieden mit dem Leben. Nur eines konnte sie nicht verstehen: Warum war Spinat auf einmal weiß geworden?

Hast du eine Ahnung?